स्याही में सुर्खाब के पंख

कहानी-संग्रह

स्याही में सुर्ख़ाब के पंख

अल्पना मिश्र

राजकमल प्रकाशन

ISBN : 978-81-267-3001-8

मूल्य : ₹295

पहला संस्करण : 2017

प्रकाशक : राजकमल प्रकाशन प्रा. लि.
1-बी, नेताजी सुभाष मार्ग, दरियागंज
नई दिल्ली-110 002

शाखाएँ : अशोक राजपथ, साइंस कॉलेज के सामने, पटना-800 006
पहली मंजिल, दरबारी बिल्डिंग, महात्मा गांधी मार्ग, इलाहाबाद-211 001
36 ए, शेक्सपियर सरणी, कोलकाता-700 017

वेबसाइट : www.rajkamalprakashan.com
ई-मेल : info@rajkamalprakashan.com

मुद्रक : बी.के. ऑफ़सेट
नवीन शाहदरा, दिल्ली-110 032

SYAHI MEIN SURKHAB KE PANKH
Stories by Alpana Mishra

अपाला मिश्र के लिए

क्रम

स्याही में सुर्खाब के पंख

सोनपती बहन जी माचिस लिये रहती हैं

सोनपती बहनजी को भूला नहीं जा सकता था।
वे शिक्षा के सबसे जरूरी पाठ की तरह याद रखने के लिए थीं।

वे बहुत पहले निकली थीं नौकरी करने, जब औरतें किन्हीं मजबूरियों में निकलती थीं। वे भी मजबूरी में निकली थीं, ऐसी जनश्रुति थी। जनश्रुति यह भी थी कि उनके पति की मृत्यु के बाद चार लड़कियों की जिम्मेदारी और रिश्तेदारों की हृदयहीनता ने उन्हें नौकरी करने के लिए प्रेरित किया था।

यह आम भारतीय जीवन का सच जैसा था और इसी रूप में स्वीकृत सच की तरह भी था।

जोर-शोर से चलाए जा रहे स्त्री-शिक्षा के अभियान के चक्कर में उन्हें घर से पकड़कर एक रोज स्कूल में बैठा दिया गया था। स्कूल एक सेठ और उनकी पत्नी ने शुरू किया था। इस कन्या पाठशाला के लिए हर हाल में लड़कियाँ चाहिए थीं। वे लोग यानी कि सेठ और सेठानी खुद चलकर उन घरों में गए थे, जहाँ लड़कियाँ शिक्षा के उजाले से दूर अँधेरे कोने में खड़ी अपने से छोटे बच्चों की नाक पोंछ रही थीं, टट्टी धो रही थीं, बरतन माँज रही थीं, रोटी थाप रही थीं। कहीं-कहीं घास काटने गई थीं, कहीं गोबर पाथ रही थीं। ऐसे में उन्होंने समझाया कि शिक्षा के उजाले से कैसे घास और गोबर की गन्हाती दुनिया से निकलकर बल्ब की धवल रोशनी में आया जा सकता है— ? सोनपती, जो आगे चलकर बहनजी बनीं, स्कूल नहीं जाना चाहती थीं। वहाँ की हर क्षण रखी जानेवाली नजर से बड़ी कोफ्त होती थी, लेकिन उन्हें पकड़कर ले जाया

गया और बोरे पर बैठा दिया गया। पहाड़े रटवाए जाने लगे। खड़िया और तख्ती एक अदद उनकी अपनी हो गई। एक अदद टाट बोरा भी उनका हुआ। इस तरह अधिकार क्षेत्र बढ़ता जाएगा, ऐसी उम्मीद उनमें जग गई। इसी उम्मीद पर रट-रटकर पाए गए प्रमाणपत्र सचमुच उनके काम आ जाएँगे, ऐसा उन्होंने सोचा न था। लेकिन रिश्तेदारियों ने उन्हें इस सच का सामना करने के लिए उकसाया। तभी इन प्रमाणपत्रों के असली उपयोग पर उनका ध्यान गया। कुछ इस तरह वे अपने कठिन समय को लाँघने के प्रयास में प्राइमरी पाठशाला की नौकरी पर लग गईं।

वे अक्सर नीले सफेद प्रिंट की साड़ी पहनतीं। हाथ में एक छोटा झोला होता, जिसमें उनका बटुआ खूब अन्दर धँसाकर रखा रहता। उसी में एक माचिस की डिबिया पन्नी में लपेटकर धरी होती। गाहे-बगाहे काम आ जाने की उम्मीद इस डिबिया में छिपी होती।

आग का अपने पास होना किसी सुकून की तरह था।

एक लम्बा काला छाता रहता, जो कई वक्तों पर कई तरह से काम आता। मक्खी भगाने, पंखा झलने, रास्ता बनाने, रास्ता दिखाने, मेज थपथपाने, किसी विद्यार्थी को प्वाइंट करने, ठेलेवाले को बुलाने, चपरासी को डाँटने आदि-आदि से लेकर दुर्वासा की छड़ी के रूप तक यह छाता डटा रहता। इस तरह हाथ का छाता अपने से कुछ गज आगे बढ़ातीं, कन्धे पर झोला टाँगे, बाजार-हाट निपटाती, ग्वाले से दूध लिये सोनपती बहनजी घर पहुँचतीं। घर में हिलती-डुलती लड़कियाँ सावधान की मुद्रा में खड़ी हो जातीं। लड़कियाँ छोटी थीं, पर होशियार थीं, घर का काम-काज बड़े अच्छे से सँभालती थीं। सोनपती बहनजी को रोज रात में लोहे की कड़ाही में दूध औटाकर पीने को देती थीं, ऐसा मेरी माँ मानती थीं।

लड़कियाँ छोटी थीं, पर बेचारी थीं, ऐसा हम बहनें मानते थे।

इस तरह का वैचारिक मतभेद हमारे बीच तना हुआ था।

सोनपती बहनजी को बीच-बीच में बेसिक शिक्षा अधिकारी के दफ्तर जाना पड़ता। पहले नहीं जाना पड़ता था लेकिन जब से बसअड्डे वाले स्कूल की हेडमास्टरी मिली थी, तब से अक्सर वहाँ भी हाजिरी लगवानी पड़ती थी।

बेसिक शिक्षा अधिकारी बार-बार कहते कि 'बहनजी, अपनी सहूलियत पहले देखिए,' जिसका व्यंग्यार्थ होता कि 'मेरी भी कुछ सहूलियत देखिए।' सोनपती बहनजी उसका अन्यार्थ यूँ निकालतीं कि उनकी कर्मठता पर शक किया जा रहा है। इस तरह स्कूल के हिसाब-किताब को हजार बारहाँ जाँचतीं। बच्चों की संचयिता की किताब यानी पासबुक को अच्छी तरह देखतीं। राई-रत्ती का हिसाब गड़बड़ाने न पाए, फिर भी बी.एस.ए. साहब प्रसन्न नहीं होते। वे हैरान होतीं और दूने जोश के साथ परिश्रम करतीं। एक बार बी.एस.ए. ने कहा कि 'बहनजी, चपरासी का तो खयाल रखा करिए। बेचारा इसी नौकरी के भरोसे है। कुछ खिला-पिला दिया करिए।' इस पर उन्होंने तुरन्त अपने झोले के अन्दर से टिफिन निकाला और चपरासी को दे दिया। चपरासी ने हाथ में पकड़ा टिफिन साहब की मेज पर पटककर रखा और बाहर चला गया। सोनपती बहनजी भी अपना काम पूरा हुआ मानकर 'अच्छा साहब, चलते हैं' कहते हुए बाहर निकल आईं। उसी किसी समय के बीच, जब वे बाहर निकल रही थीं, उनके कान में आवाज गिरी, ''ये औरतें! अकल नहीं है लेकिन नौकरी करने चली आएँगी। अपनी तो अपनी, दूसरों की कमाई की भी पहरेदार बनी फिरती हैं।'' सुनानेवाले ने आगे थोड़ा और छौंक मारी, ''देखा नहीं, अभी पुराने बसअड्डे वाले स्कूल की सोनपती बहनजी आई थीं। चपरासी को कुछ खिलाने की बात पर अपना टिफिन निकालकर देने लगीं। मूढ़ औरत!''

सोनपती बहनजी को रहस्य कुछ-कुछ समझ में आया। वे तेजी से मुड़ीं और साहब के कमरे में बिना पूछे घुसकर अपना टिफिन उठा लीं। टिफिन उठाकर वे एक मिनट को रुकीं फिर तेज कदमों से बाहर आ गईं।

साहब के चेहरे की हँसी देखने के लिए नहीं रुकीं।

चपरासी के चेहरे की हँसी देखने के लिए भी नहीं रुकीं।

गिरती हुई आवाजों के पीछे की आकृतियों को देख लेने या सुन लेने के लिए भी नहीं।

बल्कि तमाम ध्वनिमय अक्षरों के पलाश-वन से निकल गईं। अपने छाते से रास्ता बनातीं।

बाहर निकलते हुए वे मन-ही-मन ठान रही थीं कि अब नौकरी के ये दाँव-पेंच समझने ही पड़ेंगे और वे दौड़-दौड़कर बी.एस.ए. साहब के ऑफिस पहुँच आने की अपनी मजबूरी भी त्याग देंगी। इसके बाद वे कानों में जहर

घोलती आवाजें लिये घर लौट रही थीं। सब्जी खरीद रही थीं। ग्वाले से दूध ले रही थीं। डॉक्टर को अपनी घुटने की तकलीफ दिखा रही थीं। मेडिकल स्टोर से दवा खरीद रही थीं। इस तरह थकी-परेशान घर लौट रही थीं। लड़कियाँ इस थकान और परेशानी से बेखबर होतीं। घर में हिलती हुई डोलती फिरतीं। तब सोनपती बहनजी को छाते को छड़ी में बदलना पड़ता। लड़कियाँ अनुशासित थीं। तुरत-फुरत लाइन लगाकर खड़ी हो जातीं। सोनपती बहनजी सट्ट-सट्ट पीटती जातीं और बताती जातीं कि किसे क्या-क्या नहीं आता है। किसी को दाल में नमक ठीक से डालने नहीं आता था, कोई उनके घर आने पर तुरन्त पानी लेकर नहीं आया था, कोई अब तक चाय ठीक नहीं बना पाता था, किसी से आलू एकदम वैसा नहीं कटता था, जैसा कटना चाहिए था। इस तरह बहुत कमियाँ थीं, जिनकी सजा एक दिन तय थी।

तो सोनपती बहनजी एक जरूरी पाठ थीं। हमें हर दूसरे तीसरे रोज उन्हें याद करना पड़ता था। वे लड़कियों को कितनी अच्छी तरह नियंत्रित करती थीं, यह आदर्श मेरी माँ पर छाया रहता था। वे हमें डाँटते-डपटते याद दिलाती रहती थीं कि अगर हम बातों से नहीं माने तो उन्हें लातों का इस्तेमाल सोनपती बहनजी की तरह करना पड़ जाएगा। वे यह भी याद दिलाती रहतीं कि वे कितनी महान हैं, क्योंकि वे सोनपती बहनजी की तरह छाते को छड़ी में नहीं बदलतीं। यह भी कि वे सोनपती बहनजी से एक दर्जा आगे तक पढ़ी हैं, इसलिए हमें आदर्श लड़की बना देने के मामले में भी वे एक दर्जा पीछे नहीं होना चाहती थीं।

वे सोनपती बहनजी की कुछ-कुछ सहेली थीं। 'कुछ-कुछ' इसलिए कि उनके प्रभाव से घिरे-घिरे अचानक किसी क्षण उसमें से बाहर आकर उनकी बेरहमी का मजाक बनाने लगतीं और ऐसे किस्से सुनातीं कि हमारे रोंगटे खड़े हो जाते। इसी मजाक उड़ाने और दिल दहला देनेवाले क्षण में हमने जान लिया कि सोनपती बहनजी की लड़कियाँ किसी लड़के को खिड़की से देख रही थीं, कि उनकी लड़कियाँ खिलखिलाकर बड़ी जोर से हँसी थीं, कि बड़ी लड़की का दुपट्टा किसी बड़े बुजुर्ग के सामने खिसककर नीचे गिर गया था...ऐसे ही किसी घोर अपराध पर सोनपती बहनजी ने अपने झोले से माचिस की डिबिया निकाली थी और लड़कियों के पैरों पर छुआ-छुआकर उसका महत्त्व असंदिग्ध किया था।

इस कहानी के पीछे की कहानी यह थी कि हमसे सीनियर, हमारे स्कूल की वैशाली सारस्वत उसी रोज भाग गई थीं।

भागने के बाद वे 'चड्ढा' हो गई थीं।

'भागना' एक क्रिया भर नहीं था।

एक आम शब्द भर नहीं था।

अपने-आपमें एक ध्यानाकर्षक पद था।

तमाम तरह की विपदाएँ, भय, अनाचार, कष्ट और निराशा इसमें से भरभराकर फूटते थे। तमाम तरह की लालसाएँ और विकृत कल्पनाएँ भी इसी में से फूटती थीं।

नगर के, घर के घर अपनी लड़कियों को लेकर सतर्क हो उठे थे।

कोई लड़का कहीं था, जिसके साथ भागने की सम्भावना छिपी हुई थी।

कई और तरह के लोग इस सम्भावना का लाभ अपनी-अपनी तरह उठा लेना चाहते थे।

लोग इससे और भी डर रहे थे।

क्या पता, मेरी माँ भी अब अपने झोले में माचिस की डिबिया रखें!

मोहब्बत है, पैथालॉजी सेंटर है

यह चर्चा बड़ी जोर की उठी थी कि सोनपती बहनजी की लड़की का ब्याह किसी फौजी सिपाही से तय हो रहा है। उस कस्बेनुमा शहर में फौजी साक्षात् नहीं थे। अगर कोई जानता भी था तो किसी के दूरदराज के रिश्तेदार के रूप में। हम भी फौजी सिपाही के बारे में, उस दुनिया के बारे में बिलकुल नहीं जानते थे। 'बिलकुल नहीं' कहना ठीक नहीं है। थोड़ा जानते थे, जितना कोई भी समाचारों से गुजरकर जान जाता है। युद्धों की कहानी अधिकांश लोगों ने कक्षा सात तक आते-आते पढ़ ली थी। वीर अब्दुल हमीद की कहानी किसी-किसी को याद थी। जुबानी परम्परा से भी बहुत-कुछ जानकारी बन जाती थी। इसी से लोग चीन और पाकिस्तान की दुश्मनी को बिना सीधे अनुभव के भी जान गए थे। उनके साथ के बाकी सम्बन्धों को नहीं जानते थे। वाणिज्यिक सम्बन्ध को तो एकदम नहीं। बल्कि कोई समझाने की

कोशिश करे तो मुँह बाए खड़े रह जाते कि भला इतनी दुश्मनी और लड़ाई के बाद भी व्यापार सम्बन्ध कैसे बना रह गया है! इसके गणित में सब लोग प्रवेश नहीं कर पाते। इसलिए विचार में भी खास तवज्जो नहीं दे पाते। बहरहाल, कुछ लोग युद्धों के बारे में बड़े दहशतनाक तरीके से बताने लगते मानो उनका आँखों-देखा वाकया हो! कुछ लोग कम दहशतनाक तरीके से बताते! जो लोग सरकार, व्यवस्था, शासन, नेता वगैरह को हरदम गरियाते रहते, वे भी युद्ध की बात करते हुए कुछ-कुछ दहशत में गूँथ-सानकर शब्द उचारते। युद्ध की बात पर एकदम तटस्थ कोई नहीं रह पाता था। तटस्थ से तटस्थ आदमी भी बिना बोले-जताए कान उधर ही लगा लेता था। उसके मन के भीतर-भीतर कोई क्रिया-प्रतिक्रिया घट जाती थी, जिसे कोई जान नहीं पाता था। इस तरह तटस्थ होने का अपराधी हो जाने से वह अपने मन के भीतर-भीतर अपने को बचा ले जाता था। समाज के भीतर अपने को नहीं बचा पाता था। छिटका खड़ा होता था। ऐसा घर के बाहर और भीतर दोनों जगह हो रहा होता।

युद्धों के बीत जाने पर भी युद्ध नहीं बीतते थे।

'महाभारत' सब तरफ पसरी सच्चाई की तरह दमकता रहता था।

किंवदंतियों के बीत जाने पर भी वे बची रह जाती थीं।

सम्भावना में जीवन हरदम खदबदाता रहता था।

जीवन को महानता के अर्थ में नहीं देखा जाता था, तब भी यह सब कुछ यानी युद्धों से जुड़ा सब कुछ इतना महान लगता था कि उसमें सिर्फ इस देश का नागरिक होने भर से अपने को जोड़कर देखना, एक अद्‌भुत भाव बन जाता था।

एक कहानी जरूर थी सबकी स्मृति में, पर वह किंवदंती के रूप में ज्यादा प्रचलित थी, कोई उसका गवाह होने की बात कबूल नहीं करता था। पर सुनानेवाले सब किसी गवाह के होने की बात करते थे। पैथालॉजी सेंटरवाले डॉक्टर सुनयनधीर सारस्वत के घर की कहानी। उनकी बेटी वैशाली सारस्वत की शादी एक फौजी अफसर से तय हुई थी। सगाई की अँगूठी पहना दी गई थी। पर शादी नहीं हो पाई। कोई कहता कि फौजी आया ही नहीं, कोई कहता कि आता कैसे? उसके आने से पहले ही वैशाली सारस्वत भाग गई थीं। सगाई की अँगूठी पहने-पहने भाग गई थीं, इस पर हर कोई सहमत था। सगाई की

अँगूठी क्यों नहीं उतारकर गईं, इसके कारणों पर सब सहमत नहीं थे। अपने-अपने हिसाब से सबके पास कारण थे। कोई-कोई यहाँ तक कह देता था कि लड़की अपने कन्या जन्म में सगाई की अँगूठी एक ही बार पहनती है।

फिर मरे या जिए, अँगूठी नहीं उतरती!

उसके बाद उसका कुछ भी करना बेकार हो जाता है।

प्रेम करना भी!

प्रेम की व्यर्थता के इस तर्क पर लोग अपनी-अपनी तरह के कारणों से होते हुए भी पहुँच जाते थे। इस पहुँचने के पीछे के भी कारण होते थे।

कारणों के पीछे लगातार एक भय तैरता रहता था।

दिखता नहीं था। लेकिन तैरता था। तैरते हुए सारे रेशे, फूल-पत्ते, हवा, घास, ईंट-पत्थर तक उससे ढक जाते थे। आदमी उसमें ढका हाँफता था।

हाँफता हुआ आदमी 'रौता चौराहा' नाम के बाजार से गुजरता था। बाजार के बीच में कोई चौराहा नहीं था। सीधा लम्बा रास्ता था। लेकिन नाम में था। नाम में चौराहा था, यह लोगों की स्मृति से डिलीट हो चुका था।

लोग बाजार से गुजरते हुए एक बड़ी सफेद हवेली के सामने से भी गुजरते थे। यह हवेली पुरानी थी। शहर के बीच बाजार में जैसे कोई लटकता हुआ सफेद फव्वारा हो, उस तरह लटकी थी। बेबीलोन का झूलता बाग इसे देखकर याद किया जा सकता था। पर लोग बहुत बचपन में रट्टा मारकर याद करने के कारण दुनिया के सभी आश्चर्यों को भूल गए थे।

केवल ताजमहल भर स्मृति में टिका बचा था। किसी-किसी की स्मृति से वह भी गायब था। बहुत से लोग जानते तक नहीं थे कि वह दुनिया का एक आश्चर्य है!

डॉक्टर सुनयनधीर सारस्वत, पैथालॉजी लैब अपने घर के बाहरी बराम्दे में खुलनेवाले कमरे में चलाते थे। उसी के आगे लोहे की नीले रंग से रँगी पट्टिका पर उनका नाम सफेद रंग के पेंट से अंग्रेजी में लिखा रहता। पढ़नेवाले लोग डॉक्टर एस.डी. सारस्वत तो पढ़ लेते थे लेकिन नीचे लिखी डिग्रियों और उनके संस्थानों को नहीं पढ़ते थे। अगर डॉक्टर साहब का इन्तजार करते-करते पढ़ भी जाते तो भी उनमें कोई भाव न जगता था कि कहाँ, कैसा, कौन-सा संस्थान, कितना बड़ा, कितना छोटा? इससे उन्हें मतलब न था। यह कमरा इस शहर का एकमात्र पैथालॉजी लैब था। लोग मल-मूत्र की जाँच के लिए

यहाँ आते रहते थे। भीड़ जैसी नहीं लगती थी। कम लोग आते। किसी गम्भीर बीमारी में कभी-कभी ही मौका पड़ता था। छोटी बीमारियों में लोग डॉक्टर के कहने के बावजूद कई दफे टाल जाते, जब तक कि डॉक्टर कोई ऐसी बात कहकर उन्हें डरा न देता, ऐसी बात, जो उनके पल्ले न पड़ती। तो, जो आता, उसे आध-एक घंटा इन्तजार करना पड़ता। इसलिए नहीं कि डॉक्टर साहब किसी काम में व्यस्त होते। बल्कि जब कोई आता तो डॉक्टर साहब तैयार होने लगते। नहाते, दाढ़ी बनाते, साफ कपड़े पहनकर, कुछ इत्र-फुलेल मलकर गमकते हुए निकलते। इस सबमें कभी एक घंटा लग जाता, कभी एक-आध काम कम होने से आधा घंटा ही लगता। बाहर बरामदे में बैठा आदमी पसीने से तर-बतर हो रहा होता। माचिस की डिबिया में मल लिये या छोटी-सी शीशी में मूत्र पकड़े परेशान-सा बार-बार बरामदे में लगी घड़ी देख रहा होता। यह घड़ी डॉक्टर साहब को किसी मरीज ने उपहार में दिया था और अनुरोध किया था कि इसे बाहर बरामदे में लगा दें, मरीजों को कुछ सुविधा हो जाएगी। घड़ी बरामदे में लग गई थी। उसके बगल में एक कैलेंडर भी लगा था। कैलेंडर पिछले साल का था। कोई दुकानवाला दे गया था। इस साल दुकानवाले को काम नहीं पड़ा था। कैलेंडर भी नहीं आया था। कैलेंडर पर गणेशजी डिजाइनर तरीके से बने थे। पता नहीं चलता था कि कोई मिठाई है या गणेशजी हैं। अन्दाजे से लोग उसके साथ व्यवहार कर लेते। कोई शीश नवा लेता, कोई मिठाई समझकर मंत्रमुग्ध आँखभर खा लेता। तभी डॉक्टर सारस्वत निकलते। उनके निकलने के पहले खुशबू का झोंका आता। इन्तजार करता आदमी बिना उन्हें देखे ही उठकर खड़ा हो जाता। डॉक्टर सारस्वत आकर दरवाजा खोलते, अपनी टेबल, जिस पर शीशे का कवच उन्होंने लगा रखा था, के पीछे की कुर्सी पर बैठ जाते। बिना उनके बोले ही बरामदे का उठकर खड़ा हुआ आदमी अन्दर चला आता और आकर उनके पास रखे स्टील के स्टूल पर बैठते हुए माचिस की डिबिया या शीशी, जो भी वह लेकर बैठने को था, बैठने की क्रिया के बीच में ही डॉक्टर साहब की तरफ बढ़ा देता। डॉक्टर उसे टेबल पर पड़ने के पहले ही थाम लेते। डॉक्टर के हाथ में दस्ताने नहीं होते। वे नंगे हाथों से ही उस शीशी या डिबिया को थामते। कम्पाउंडर भी उनके पास नहीं होता। उस छोटे कमरे में वे इधर-उधर दो-चार कदम चलकर अपने उस यंत्र तक पहुँचते, जिस पर यह सब कुछ जाँचा जाना

था। वे एक पतली–सी सींक जैसी सलाई से डिबिया के भीतर की चीज को छुआते, एकदम नाममात्र का और अपने यंत्र को खोलकर एक शीशे की प्लेट पर उसे रख देते। डिबिया बन्द करके वे उसे वापस कर देते। स्टील के स्टूल पर बैठा हुआ आदमी डिबिया वापस पा जाता। डिबिया फेंक देने की कोई जगह डॉक्टर के कमरे में नहीं थी। तब आदमी डिबिया थामे घर तक आता या डिबिया झोले में रखकर घर तक लाता। दोनों ही स्थिति में वह अपनी डिबिया अपने साथ लाता। कोई–कोई इसमें भी चालाकी बरतता और डॉक्टर के लैब से निकलने के बाद सड़क पर कहीं या बाजार की भीड़ के बीच कहीं या जरा–सा जहाँ सन्नाटा मिले, डिबिया चुपके से गिरा देता। लोग इसे जान न पाते। या न जानने का भ्रम बनाए रखते। कचरा बीननेवाले बच्चे उसे कई बार अपने बोरे में भरकर उठा ले जाते।

उन्हीं डॉक्टर सारस्वत के घर का किस्सा चर्चा में था। उनकी लड़की वैशाली सगाई की अँगूठी पहने–पहने चली गई थीं। फौजी का आना रुक गया था। उन्हीं डॉक्टर सारस्वत के घर में एक उनका लड़का था। लड़का सींक सलाई जैसा था। नाक लम्बी थी। कद भी लम्बा था। कोई–कोई छः फीट का अन्दाजा भी लगाता था। लड़के का नाम किसे याद रहता! डॉक्टर सारस्वत का लड़का है, इसी से सब उसे पहचानते थे। जबकि उसका नाम बड़े विचार के साथ सूरज के किसी पर्यायवाची को लेकर रखा गया था। दिनकर, दिवाकर, प्रभाकर या शायद इससे अलग आदित्य। तो सूरज की पर्यायवाची के नाम वाला लड़का राजकीय कन्या इंटर कॉलेज के गेट के बाईं ओर खड़ा दिखता। जनश्रुति इस मामले में यह थी कि वह हमारी सीनियर निरुपमा दी को प्रेमपत्र भेजता है। रोज। स्कूल के इसी पते पर। रोज क्लास टीचर निरुपमा दी को बुलाती हैं। रोज एक स्पेशल लेक्चर उनके लिए होता है। रोज ही छुट्टी के वक्त डॉक्टर सारस्वत का लड़का गेट के बाईं ओर खड़ा दिखता। वह शायद बगल के राजकीय बालक उच्चतर माध्यमिक विद्यालय से आ जाता था। उसका खड़ा होना, जनश्रुतियों की कल्पना में चार चाँद लगा देता। लोग और बातें भी सोचते। जैसे कि वह निरुपमा दी के साथ पिक्चर देखते रँगे हाथों पकड़ा गया था। फिर दोनों की बड़ी धुनाई हुई थी। कितनी धुनाई हुई थी, किसने पकड़ा था, क्या कर रहे थे उस वक्त दोनों? केवल हाथ पकड़े थे या कुछ और भी... ?

सबकी कल्पना का रंग अपने-अपने ढंग का होता। कोई ज्यादा धुनाई करवा देता, कोई उतनी नहीं करवाता। कोई कहता कि महाशय चार दिन खटिया से नहीं उठ पाए थे, कोई इसे एक ही दिन कहता। मुंडे मुंडे च मतिरभिन्ना: ।

निरुपमा दी बैडमिंटन का रैकेट काँख में दबाए, एक कन्धे पर स्कूल का बस्ता धरे, छुट्टी के समय, गेट से निकलकर, बाईं तरफ के ठेले के पास खड़ी होतीं। ठेले से कभी मूँगफली खरीदतीं, कभी बबलगम खरीदतीं, कभी कुछ नहीं खरीदतीं तो खरीदने का अभिनय करती खड़ी रहतीं। भीड़ धीरे-धीरे छँट जाती। तब वे चलकर सूरज कुमार (अब बस भी करिए 'डॉक्टर सारस्वत का लड़का' कहना। सूरज कुमार कहिए, चलेगा) के पास तक पहुँचतीं। फिर चुपचाप दोनों पैदल चलने लगते। इसी साथ चलने के दृश्य को आँखभर पीने के लिए लड़कियाँ छुट्टी में रिक्शा करके घर नहीं जातीं। गेट से निकलकर इधर-उधर छितरा जातीं। कुछ लोग पैदल चलकर आगे की किसी दुकान तक आते और वहीं रुककर इन्तजार करते। हम बहनें भी रुके और उस अद्‌भुत दृश्य का इन्तजार करने लगे। देखते क्या हैं कि सामने उस पार की दुकान पर सोनपती बहनजी की लड़कियाँ भी खड़ी स्कूल के गेट की ओर देखे जा रही थीं।

'ये भी रुकी हैं, आज इनका क्या होगा?' हम लोगों ने मन-ही-मन सोचा।

'हम भी रुके हैं, आज हमारा क्या होगा?' यह नहीं सोचा। बस, रुक गए।

सामने सड़क पर चलते, बतियाते सूरज कुमार और निरुपमा दी आ रहे थे। निरुपमा दी की घेर वाली आसमानी रंग की स्कर्ट हवा से हिल रही थी। सूरज कुमार कन्धे पर एक बैग लादे थे। कभी उसे कन्धे पर टाँगते, कभी बाँह में लटका लेते। उनके लिए दुकानों पर खड़े, सड़क पर चलते लोग अनुपस्थित से थे। वे केवल एक-दूसरे की बात सुनते थे, एक-दूसरे की तरफ देखते थे। पता नहीं कौन-सी बात थी, जिस पर वे हँस रहे थे! हँसते हुए एक-दूसरे के कन्धे से टकराते-टकराते रह जाते या टकराकर छू जाते या एक हथेली आगे करता, दूसरा उस पर ताली धर देता। निरुपमा दी बात-बात में अपनी पोनीटेल-चोटी हिलाती थीं। काँख में दबा रैकेट बतियाते हुए सामने हाथ में लेकर कुछ

कहतीं। न जाने कौन-सी बात पर सूरज कुमार ने निरुपमा दी की पोनीटेल छू ली थी। पोनीटेल छूते हुए कन्धा भी छू गया था।

इस छू जाने से क्षण-भर को वे भूल गए थे कि सड़क उनके नियमों से संचालित नहीं थी।

सड़क के जो नियम बनाए गए थे, उनसे भी सड़क संचालित नहीं थी।

तमाम गाड़ियाँ बिना किसी नियम के इधर-उधर चल रही थीं।

दाएँ-बाएँ की जरूरत गाड़ीवानों के हिसाब से तय होती थी।

पैदल वाले अगर इसकी चपेट में आ जाते तो यह गाड़ी से ज्यादा पैदल चलनेवाले की गलती मानी जाती।

यह शहर का अघोषित सच था।

इसलिए जिस क्षण में सूरज कुमार सड़क को भूल गए थे, उसी क्षण में निरुपमा दी ने उन्हें बाँह से पकड़कर खींचा था। इस अचानक के खिंचाव से सूरज कुमार का सन्तुलन पहले जैसा नहीं रह गया और उनके कन्धे पर लदा बैग टेढ़ा होकर बाँह पर झूल गया और वे टेढ़े होकर निरुपमा दी पर गिरते हुए अपने को बचाने लगे। इस बचाने के बावजूद वे निरुपमा दी की छाती से छू गए।

यह छूना भी अचानक का छूना था।

इस अचानक के छूने में वे एक बार फिर सड़क को भूल गए। उन्हें बचपन में देखे अल्मोड़ा के पहाड़, बारिश और तितलियाँ याद आईं। उन्होंने अपने को बचाना छोड़ दिया। तब निरुपमा दी ने उन्हें हल्का-सा धक्का देकर सीधा किया।

"क्या कर रहे हो ? सड़क है!" शायद ऐसा कुछ कहकर सड़क का होना याद भी दिलाया। किसी ने सुना नहीं, बस, अन्दाजा लगाया।

लेकिन इस अचानक के छू जाने से वे भी कुछ भूल गई थीं। कुछ रुकी, ठहरी-सी।

यह छुअन कोई मामूली छुअन नहीं थी।

इसका स्पन्दन भी मामूली स्पन्दन नहीं था।

इसने केवल निरुपमा दी या सूरज कुमार को स्पंदित नहीं किया था— फूल, पौधे, हवा, तितली, पृथ्वी का कण-कण...

सामने दुकानों पर खड़ी लड़कियों...

किताबों की दुकानों पर खड़े लोगों...
साइकिल बनवाते लड़कों...
चाट, पकौड़े के ठेलों, खोमचों...
मूँगफली के छिलकों, छिलकों के पीछे के ठोंगों...
जामुन की फलियों को सहेजे दोनों, पत्तलों...
हम सब, सब हमको...

जिसमें भी, जहाँ-जहाँ तक ईश्वर की कल्पना की गई थी, उस ईश्वर को स्पन्दित किया था।

इस छुअन का वृत्त बड़ा था।
इस छुअन का विस्तार बड़ा था।
इस छुअन के वृत्त में मैं, हम, वो, वो तमाम...घिर गए थे।
इस छुअन के वृत्त में, शहर स्पंदित हो उठा था।
और उन्हें पता तक नहीं!

इस, इतने बड़े समुद्र का उमगना और सबको जलमग्न कर देना उन्हें पता नहीं!!

वे अपने में डूबे हैं!
सब उनके डूबने में डूबे हैं!
लगता है, वे गा रहे हैं!
लगता है, वे कोई बहुत मनोरम नृत्य रच रहे हैं!
हम, सब हम गीत की तन्मयता में डूबे हैं!
हम, सब हम नृत्य की विभोरता में मगन हैं!

दोनों चलते हुए कुम्हार की दुकान पर रुक गए और छोटा-बड़ा गमला झुककर देखने लगे। उनके गमले खरीदने के उपक्रम ने हमारी तन्मयता भंग कर दी। तमाम लड़कियाँ निराश हो गईं। उनकी कल्पना में यह दृश्य चुभने लगा कि सूरज कुमार निरुपमा दी के साथ मिलकर मिट्टी के गमलों का मोल-भाव करें! जब उन्होंने एक रिक्शा रोका और उस पर गमले रखवाने लगे तो हमने भी एक रिक्शा रोकने की कोशिश की। ठीक इसी क्षण सामने की लड़कियों ने भी रिक्शा रोकने की कोशिश की। रिक्शा रोकते हुए हम गमलों को देख रहे थे। गमलों से होते हुए हम सूरज कुमार और निरुपमा दी को देख

रहे थे। तभी सामने के रिक्शे पर बैठते-बैठते सोनपती बहनजी की बड़ी लड़की गिर गई। गिरते हुए उसने अपने को सँभाला, फिर भी पैर में कुछ चोट आ गई। उसकी छोटी बहन ने उसका सलवार हल्का-सा उठाकर चोट देखने की कोशिश की। पैर पर कई जगह माचिस की तीली के निशान थे। बहन ने चोट देखने का प्रयास छोड़ दिया और रिक्शे पर बैठ गई। इसी बीच आगे वाले रिक्शे से एक मोटरसाइकिल आकर टकरा गई। उस पर निरुपमा दी पाँच गमले रखे बैठी थीं। निरुपमा दी तो बच गईं, पर गमले ढमलाते हुए गिर गए और खंड-खंड हो गए। मोटरसाइकिल सवार उतर गया और प्रार्थना के स्वर में कहने लगा, ''माफ कर दो जी। अभी दूसरे खरीद देता हूँ।'' रिक्शेवाले को मुड़ने का इशारा करके वह पीछे छूट गई गमलों की दुकान की ओर भागा। इतने में पीछे से सूरज कुमार दौड़े और गमलों के टूटे हुए टुकड़े उठाकर कुछ कहने लगे। निरुपमा दी ने उन्हें हाथ के इशारे से कहा, 'सब ठीक है।' इस तरह अचानक गमलों के बीच एक खलनायक के आ जाने से रोचकता बढ़ गई थी और उस एक क्षण सबने चाहा था कि उनका उनका रिक्शा आगे न बढ़े, वहीं रुक जाए। सूरज कुमार के पीछे। यह भी कि सब लोग अपने रिक्शे पर पाँच-पाँच गमले लदवाकर ले चलें। काश! सूरज कुमार से निकलकर कई सूरज कुमार बन जाते और सबके रिक्शे पर गमलों का मोल-भाव करके गमले रखवा देते!

नगर के चौक पर नाटक का रिहर्सल

गोरकी पतरकी रे...मारे गुललवा कि जियरा उड़ि-उड़ि जाय...

फिल्म का यह गीत परम प्रसिद्धि पर चल रहा था। महिला डिग्री कॉलेज से लड़कियाँ निकलतीं तो कोई न कोई, कहीं-न-कहीं से यही गाता और उसकी कंठ-ध्वनि से निकला यह गीत लड़कियों के कान से जरूर टकराता। निरुपमा दी के पीछे चलते हुए कई लड़के ये गीत गाते। आपको यहाँ यह बताते चलूँ कि सूरज कुमार को बहला-फुसलाकर दिल्ली पढ़ने भेज दिया गया था, लेकिन निरुपमा दी के लिए महिला डिग्री कॉलेज ही एकमात्र

विकल्प था। वे इसके अलावा और कहीं नहीं हो सकती थीं। उनकी प्रसिद्धि सूरज कुमार के साथ जुड़ चुकी थी। इसलिए कई मनचले उनके पीछे मद्धिम स्वर में यह भी कहते—'चमक रहा है तेज तुम्हारा बनकर लाल सूर्य मंडल' या फिर 'सजनी, हमहूँ राजकुमार' या फिर 'इक नजर तेरी मेरे मसीहा काफी है उम्र भर के लिए...' आदि-आदि। निरुपमा दी सिर झुकाए तेज चलतीं। लड़के भी तेज चलते। वे दौड़ने लगतीं। लड़के भी दौड़ने लगते। तब वे एक दुकान की सीढ़ी पर बैठकर सुस्ताने लगतीं। लड़के दुकान के आसपास खड़े होकर कोई और गाना गाने लगते। कोई-कोई एकदम पास चला आता। एक दिन लड़कों ने गाना गाते हुए उन्हें दुकान के पास घेर लिया। उस दिन निरुपमा दी ने अपना रैकेट काँख से निकालकर तान दिया। लड़के इससे और हुलस उठे। वे बढ़- चढ़कर गाते और चारों ओर घूमते। निरुपमा दी भी रैकेट ताने-ताने घूमतीं। एक ने घूमते हुए उनका रैकेट खींच लिया। एक ने उनकी बाँह पकड़ ली। निरुपमा दी हाथ झटकती, चिल्लाती, न जाने क्या कहे जा रही थीं! दुकानवाला दुकान से उधर ही देख रहा था। वह डरकर पास नहीं आया। तभी उस नामुराद वक्त में निरुपमा दी का बड़ा भाई उधर से गुजरा। उसने दौड़कर एक लड़के को खींचा। किसी की कॉलर पकड़ी, किसी को थप्पड़ मारा। लड़के भी बेल्ट, जूता, बैग...जो मिला, लेकर युद्ध में उतर गए। निरुपमा दी को थोड़ा-सा मौका मिला तो वे अपना तोड़कर गिरा दिया गया रैकेट लेकर भाई की तरफ से भाँजने लगीं। तभी उनमें से किसी लड़के ने सड़क पर पड़ा ईंट का अद्धा उठाकर निरुपमा दी के भाई पर उछाल दिया। अद्धा उछलकर उसके कपाल के बीचोबीच लगा। निरुपमा दी का भाई बिना चक्कर खाए एकदम धड़ाम से नाचे गिर गया। अद्धा छिटककर बगल में गिरा। लड़के चिल्लाते हर्ष-निनाद करते भागे। दुकानवाला पास आकर 'हाय-हाय' मचाने लगा। 'कानून का पचड़ा पड़ गया' जैसी आवाज निरुपमा दी के कान में गिरी। वे दौड़कर दुकान में घुसीं और फोन लगाने लगीं। 100 नम्बर पर पुलिसवाले फोन नहीं उठा रहे थे। तब उन्होंने चिल्लाकर कहा, "कोई अस्पताल ले चलो रे!"

"ऐ, हटो-हटो, जाओ, सामने वाली दुकान से पुलिस को बुलाओ! मुझे पुलिस के चक्कर में न फँसाओ!" दुकानवाले ने निरुपमा दी को फोन पर से हटाते हुए कहा।

अस्पताल से कोई गाड़ी या एम्बुलेंस बुला लेने की कोई व्यवस्था उस शहर में नहीं थी। नतीजा निरुपमा दी सड़क पर आकर, आने-जानेवालों से विनती करने लगीं, "प्लीज, रुकिए, मेरी मदद करिए! अरे! कोई मदद करो रे! अस्पताल ले चलो!"

वे दौड़-दौड़कर चलती गाड़ियों की तरफ जातीं और चिल्लातीं।

तभी पुलिस का एक हवलदार, आँखों पर किसी फिल्म के हीरो की नकल में काला चश्मा लगाए, मोटरसाइकिल का हॉर्न लगातार बजाता, शायद कुछ गुनगुनाता हुआ भी गुजरा। सड़क पर हल्ला-गुल्ला देखकर रुक गया।

"ऐ, हे, इधर आ! क्या हुआ बे ?" उसने मोटरसाइकिल पर बैठे-बैठे दुकानवाले को बुलाया। दुकानदार से पहले निरुपमा दी दौड़ीं। जल्दी-जल्दी एक बेहद परेशान भाषा में सारी घटना बताने लगीं। थरथराती हुई बेचैन भाषा के जल से कुछ ही छींटे हवलदार की भाषा के जल से मैच कर पाए। उसने लड़कों के छेड़छाड़ वाली बात समझ ली और निरुपमा दी के भाई को देखकर कुछ शब्द उससे मिलाकर जान लिया कि एक युद्ध अभी-अभी बीता था, जिसमें लड़ाई के दौरान घायल एक सैनिक यहाँ पड़ा है। उसने धीमे शब्दों में कुछ उचारा, जो समझ में नहीं आया कि गुस्से में दी गई गाली थी या गुस्से में की गई प्रार्थना थी! खैर, सारी बात जानकर हवलदार ने मोटरसाइकिल पर बैठे-बैठे दुकानदार से कहा, "चल बे, इसे उठाकर मेरे पीछे बैठ। अस्पताल ले चलते हैं। थामे रहियो। कहीं रास्ते में मर-मरा न जाए।" यह 'मर-मरा न जाए' वाली बात निरुपमा दी को चुभी लेकिन वक्त ऐसा नहीं था कि कुछ कहा जाए। वे चुपचाप हवलदार की बात मानने लगीं। दुकानदार 'मरता क्या न करता' की स्थिति में मोटरसाइकिल पर निरुपमा दी के भाई को पकड़कर किसी तरह बैठा। निरुपमा दी के भाई को चक्कर आते, बेहोशी घेरती, वह कभी इधर लुढ़कने को होता, कभी उधर। दुकानदार भरसक सीधा रखने की कोशिश करता, तब हवलदार गरजता, "मुझे मारने पे तुला है क्या रे? एक्सीडेंट करवाया तो तू भी दफा फलाँ-फलाँ में अन्दर जाएगा, समझा? सँभार रे, नहीं अब्बे उतर के तेरा भुर्ता बनाता हूँ।"

हवलदार सरकारी अस्पताल में बैठकर कुछ कागज देखने लगा। ऐसा लगा कि वह कोई कागजी कार्यवाही कर रहा हो। तब निरुपमा दी अपनी माँ

और छोटी बहन को साथ लिये पहुँचीं। पिता गोरखपुर से अब तक नहीं आए थे। अस्पताल में दोपहर के उस वक्त कोई डॉक्टर भी नहीं था। सब खाना खाने अपने-अपने घर गए हुए थे। वार्ड ब्वॉय जैसा लगनेवाला एक लड़का हवाई चप्पल पहने इधर-उधर घूम रहा था। जब हवलदार ने उसे आवाज दी तब वह दौड़ा। लेकिन घायल को ले जानेवाला स्ट्रेचर उसके पास नहीं था।

''टाँग के ले जाओगे क्या बे?''

''साहब, गाड़ी में जगह-जगह छेद हो गया है। टूट-टाट के सड़ गई है। बरसात में बाहर पड़ी रही न!''

''ठीक है, ठीक है।'' हवलदार ने दुकानदार को इशारा किया।

दुकानदार बहुत मजबूर होकर उस वार्ड ब्वॉय के साथ मिलकर निरुपमा दी के भाई को टाँगते हुए अन्दर ले आया। वार्ड ब्वॉय मरहम-पट्टी में जुट गया।

''डॉक्टर कब तक आएँगे?'' निरुपमा दी ने पूछा।

''पता नहीं जी।'' वार्ड ब्वॉय निर्लिप्त रहा।

''फिर भी कुछ अन्दाज होगा आपको कि कब तक आएँगे?'' निरुपमा दी ने फिर पूछा।

वार्ड ब्वॉय ने फिर भी जवाब देने की जरूरत नहीं समझी।

''आप ठीक तो कर रहे हैं! मतलब आपको पता है? नहीं तो गोरखपुर लेते जाते!'' अब निरुपमा दी ने थोड़ा बल देकर कहा।

''सबका हमीं तो करते हैं, तब आप देखने आती हैं? हम न करें तो आधे लोग यहीं मर जाएँ। ऐसे ही ले जाओगी तो ले जाओ। गोरखपुर तक जाते-जाते मर जाएगा, समझी? अब जाओ, अपनी अम्माँ को सँभालो।'' वार्ड ब्वॉय ने गुस्साकर कहा।

निरुपमा दी को 'यहीं मर जाने' और 'गोरखपुर तक ले जाते ले जाते मर जाने' वाली बात फिर चुभी। कैसे ये लोग मरने की बात इतनी निर्लिप्तता से कर रहे थे!

''सिर पर चोट लगी है, इसीलिए चिन्ता है।'' निरुपमा दी ने नरम पड़कर कहा।

'डॉक्टर आएँगे तो उन्हें जरूर एक बार दिखा देंगी, जरूरत लगी तो लेकर गोरखपुर चली जाएँगी,' ऐसा सोचते हुए निरुपमा दी अपनी माँ के पास पहुँचीं और बिना बोले उनका हाथ थपक-थपककर ढाढ़स बँधाने लगीं कि

सब्र करो, सब ठीक हो जाएगा। फिर डॉक्टर का इन्तजार करते हुए वहीं जमीन पर बैठकर हल्का-हल्का रोने लगीं।

यही वह समय था, जब हवलदार ने सारे मनचले लड़कों को पकड़कर थाने में पीटने का अभियान चला दिया। पुलिस की गाड़ी, पुलिस की ट्रक धड़धड़ाते हुए सड़कों पर घूमने लगे। जिसकी भी मोटरसाइकिल दुकानों के आगे खड़ी मिली, लाद ली गई, स्कूटर उठा ली गई। लाठी भाँजते पुलिसवाले पान की दुकानों, एस.ई.डी. बूथों, मोबाइल फोन की दुकानों पर से लड़कों को उठा-उठाकर ट्रक में ठूँसा जाने लगा। इसी क्रम में अद्धा फेंककर मारने वाले लड़के भी पकड़े गए। वे बड़े इत्मीनान से पान की दुकान पर खड़े पान मसाला चबा रहे थे और किसी ब्लू फिल्म की कहानी पर बहस छेड़े थे। वे लड़के भी ट्रक में ठूँसकर थाने लाए गए।

इसी के बाद पर्दा गिर गया।

पर्दे के पीछे नगरपालिका के चेयरमैन ठाकुर बलवान सिंह बेचैन हो उठे। उन्होंने घोषणा की कि 'नगर के इसी चौराहे पर सबके सामने हवलदार को अपने हाथों से न पीटा तो मेरा नाम भी बलवान सिंह नहीं। हमारे लड़के को छूने की हिम्मत किया है!'

अँधेरा घिरने घिरने को होने लगा। नगर के चौराहे पर थाने के बाहर जितनी भीड़ थी, उससे ज्यादा भीड़ उमड़ने लगी। लड़के थाने में छटपटाने लगे। कुछ कह रहे थे कि जिसका कसूर है भई, उसे सजा दो, सबको क्यों बन्धक बनाकर रखा है? कुछ कह रहे थे कि अच्छा जेल बना दिया है शहर को! कुछ का मानना था कि टेरर बना के कुछ लाभ कमाना होगा, ऐंठने होंगे पैसे किसी से, तो पूरा शहर निशाने पर आएगा ही। पढ़नेवाले कुछ लड़के थे जो बिना कसूर जेल-यात्रा का ठप्पा लग जाने से व्यथित होकर रो रहे थे। अभिभावक थाने के आगे इकट्ठा होकर तरह-तरह की बातें कर रहे थे।

अँधेरा गहरा काला हो जाए, इससे पहले लोगों ने देखा कि नगर के मुख्य चौराहे की तरफ पुलिस की जीप चली आ रही है। पीछे दो कार हैं। जीप के रुकते ही उसके पीछे कार भी रुकी और झपाके से उनमें से उतरकर कई लोग बन्दूक, कट्टा, लाठी, हॉकी, बल्लम लेकर खड़े हो गए। तब पुलिस की जीप खुली। उसमें से खींचकर हवलदार को उतारा गया। उसी जीप से सबसे

आखिर में ठाकुर बलवान सिंह उतरे। उतरकर खड़े हो गए। तब नाटक शुरू हुआ। हथियारबन्द लोग कूद-कूदकर, उछल-उछलकर हवलदार को तरह-तरह से पीटने लगे। जब हवलदार जमीन पर पूरा चित गिरकर तड़पने लगा, तब चेयरमैन ठाकुर बलवान सिंह ने अपनी तोंद पर हाथ फेरकर अपनी बेल्ट उतारी और हँसकर कहा, "हमारे लल्ला को छूने चले थे। तेरा क्या बिगाड़ रहा था बे? चलो, अब हम तोहें नाटक का रिहर्सल करा देते हैं।" इसके बाद सटासट आठ दस बेल्ट मारा और मुड़कर गाड़ी में आकर बैठते हुए चिल्लाए, "उठाओ साले को। थाने छोड़ आओ। बोल देना, सबेरे चार बजे से पहले नगर छोड़ के चला जावे। दिन में इसका मुँह न दिखाई पड़े।"

हवलदार को लहूलुहान हालत में पुलिस की जीप में लादा गया और थाने के बरामदे में उतारकर लिटा दिया गया। दो-तीन लोगों ने आगे बढ़कर थाने का लॉकअप खुलवा दिया। लोग अपना-अपना लड़का लेकर अपने-अपने ठिकानों की तरफ जाने लगे। बचे हुए लड़के, जिनके बाप नहीं आए थे, पैदल चलकर या रिक्शा करके अपने घर की ओर चले। कुछ लोग कहते जाते थे कि आज ठाकुर बलवान सिंह ने हमें बचा लिया। कुछ लोग 'ठाकुर साहब की जय' भी बोलते जाते थे। बाकी लोग सहमे से चले गए। थाने में पुलिस वालों ने हवलदार को फिर से उसी जीप में डाला और लेकर उसी सरकारी अस्पताल में पहुँचे, जिसमें दोपहर के वक्त निरुपमा दी का भाई लाया गया था।

निरुपमा दी अस्पताल के बरामदे में बैठी हल्का-हल्का रो रही थीं। उसी समय हवलदार को लादे-फाँदे पुलिसवाले आवाजें करते, हड़बड़ाते हुए घुसे। हवलदार को इस हालत में देखकर वहाँ के सभी लोग भौचक खड़े हो गए।

"क्या हुआ साहब को?" निरुपमा दी की माँ ने घबड़ाकर पूछा।

"अपनी हीरोइन से पूछो। इश्क ये करे और लात हम खाएँ! चलो, निकलो यहाँ से, नहीं तो गुस्सा आ जाएगा हमें!" पुलिसवाले ने गुस्साकर कहा और वार्ड ब्वॉय को स्ट्रेचर लाने को कहने लगा।

"अच्छा, तो यही है!" दूसरे पुलिसवाले ने निरुपमा दी की तरफ देखकर कहा।

"साहब, गाड़ी नहीं है। सड़ गई है। बाहर बरसात में पड़ी रहती है।" वार्ड ब्वॉय ने अपना वही पहले वाला जवाब दिया।

पुलिसवाले का गुस्सा सातवें आसमान पर चढ़ गया। उसने वार्ड ब्वॉय का लाल रंग का टी शर्ट पकड़कर खींचा और गरियाते हुए लतियाने लगा।

"साहब, हमारी गलती नहीं है। उसमें छेद हो गया है। खराब हो गई है।" लेकिन उसकी एक न सुनी गई।

"अब तू भी आँख दिखाएगा! हाँ!" कहकर पुलिसवाले ने उस बहुत पिट चुके को वहीं छोड़ दिया और हवलदार को टाँगकर अन्दर ले जाने लगे। तब डॉक्टर जाने किस खोह से निकलकर आए। डॉक्टर ने निरुपमा दी को इशारे से बुलाया और पुलिसवालों के साथ चलने लगे।

डॉक्टर ने निरुपमा दी को एक पर्ची दी और एक खून भरी शीशी और कहा कि डॉक्टर सारस्वत के पैथालॉजी लैब से ब्लड टेस्ट करवाकर लाओ। तुरन्त जाओ। देर करने से डॉक्टर साहब सो जाएँगे। निरुपमा दी तुरन्त अपनी छोटी बहन के साथ रिक्शे पर शीशी और पर्ची लेकर बैठ गईं। रिक्शे के पास आकर उनकी माँ ने कुछ रुपये उनके हाथ में पकड़ाए। रुपये हाथ में पकड़े-पकड़े वे पैथालॉजी सेंटर पहुँचीं। दरवाजे की घंटी बजाकर बरामदे में लगी घड़ी देखते हुए इन्तजार करने लगीं। आधे घंटे से पहले ही डॉक्टर सारस्वत बाहर आ गए। उनके आने के पहले सुगन्ध का झोंका नहीं आया या आया भी होगा तो निरुपमा दी अपने आपमें इतनी परेशान थीं कि जान नहीं पाईं और उनके आने के पहले उठकर खड़ी नहीं हुईं।

"ऐ लड़की, क्या है?" डॉक्टर ने टेंशन में पूछा।

"डॉक्टर साहब, ब्लड टेस्ट करवाना था। बहुत जरूरी है।" निरुपमा दी घूमकर डॉक्टर के सामने खड़ी हुईं। अब डॉक्टर ने उन्हें साफ-साफ देखा। अचानक ही उन्हें सूरज कुमार की बड़ी-बड़ी सपनीली आँखें याद आईं।

"तो तुम हो? तुम्हारी हिम्मत कैसे हुई यहाँ आने की? हैं, भागो यहाँ से! पूरे शहर में हंगामा खड़ा कर दिया है तुमने! किस-किससे इश्क लड़ाती फिर रही है तू लड़की? मेरे लड़के की मोटरसाइकिल आज तेरे चक्कर में पुलिसवाले उठाकर ले गए। वो तो कहो, लड़का पकड़ में नहीं आया! जिसको जहाँ पाया, वहीं मारा है। कुछ लड़कों की तो पसली तक टूट गई है। भगवान बचा लिये। लेकिन मोटरसाइकिल तो फँस गई न! एक झमेला! सुबह कौन जाएगा लाने? हैं, तू खड़ी है यहाँ? चल, भाग!" डॉक्टर सारस्वत ने दरवाजा बन्द कर लिया। निरुपमा दी कुछ देर तक दरवाजा खटखटाती रहीं, गिड़गिड़ाती रहीं।

फिर हताश होकर बहन को लेकर मुड़ीं और बरामदे की सीढ़ियाँ उतरते हुए गेट की तरफ आने लगीं। तभी डॉक्टर सारस्वत ने दरवाजा खोल दिया।

''ऐ लड़की! इधर आ! क्या बोल रही थी?''

निरुपमा दी दौड़कर आईं, ''जी, ब्लड टेस्ट, बहुत जरूरी है।'' उन्होंने आँसू पोंछ-पोंछकर सब बात कही।

''लाओ!'' डॉक्टर सारस्वत अपनी कुर्सी पर बैठ गए।

''एक शर्त है मेरी। मानोगी?'' उन्होंने फुसफुसाकर निरुपमा दी के कान में कुछ कहा।

''जी, मैं शहर छोड़ दूँगी। बस, मेरा भाई ठीक हो जाए।'' निरुपमा दी ने फिर से आँसू पोंछा और सिर हिलाया।

फिर डॉक्टर सारस्वत अपनी कुर्सी से शीशी लिये उठे और दो-चार कदम चलकर अपने यंत्र की तरफ चले गए।

समय था, जो आग से आपूरित होता हुआ था, लगता नहीं था

वैशाली सारस्वत, वैशाली चड्ढा बनकर अदृश्य हो गई थीं। शहर में जहाँ देखो तहाँ चर्चा थी। स्कूल में लड़कियों को अलग-अलग अध्यापिकाओं ने अलग-अलग तरह से खबरदार किया था। अदृश्य चड्ढाओं से होनेवाले नुकसान एकदम दृश्य हो उठे थे। किसी को ठीक पता नहीं था कि वैशाली को चड्ढा लड़के से क्या नुकसान हुआ था? लेकिन सबके पास अलग तरह की कथाएँ थीं। लोगों ने मान लिया था कि नुकसान तय था। इसमें देर-सबेर हो सकती थी। लड़कियाँ हैरान-परेशान थीं। वे वैशाली चड्ढा की तरफ भी उतना ही होना चाहती थीं, जितना अपने परिवार की तरफ। इसी में डोलती वे इधर और उधर आ-जा रही थीं। सोनपती बहनजी ने उस रोज माचिस की तीली से अपनी चारों लड़कियों के पैर पर बिन्दी लगाई थी और कसम रखवाई थी कि कोई कितना भी दिलकश नौजवान आकर उन्हें कैसा भी झाँसा दे, उन्हें इस चक्कर में नहीं आना है। लड़कियों ने हामी भरी थी। इसके अलावा पैर पर बिन्दी लगवाने से बचने का कोई उपाय भी नहीं था। उस दिन के बाद से जो सुबह आई थी, वह सोनपती बहनजी की चिन्ता में लड़कियों की शादी की जल्दी लेकर आई थी। सबको अचानक चारों तरफ युवा लड़के

चालाक और बहलाने-फुसलानेवाले बहेलिए लगने लगे थे। लड़कियाँ किसी लड़के के साथ भागने की फिराक में रहनेवाली दुश्चरित्राएँ बनकर डराने लगी थीं। जिनके घरों में लड़के थे, वे सतर्क होकर अपने-अपने लड़कों को वैशालियों के दोष गिना-गिनाकर आजिज किए हुए थे। इस तरह लड़का और लड़की दोनों ही अचानक कसूरवार की तरह दिखने लगे थे।

इसी माहौल में वह खत खून से लिखा गया, जिसे लिखने के लिए निरुपमा दी ने अपनी तर्जनी अँगुली में सुई चुभो-चुभोकर खून निकाला था और उसे पेंसिल की निब पर रख-रखकर अक्षर बनाए थे। खत में खुद को वैशाली की जगह रखने की और सूरज कुमार को चड्ढा की जगह रखने की इच्छा जताई गई थी। 'रामचरितमानस' में जैसे सीता ने हनुमान से राम के आने की महीने भर की तिथि निर्धारित की थी, उसी प्रकार खत में महीने भर का समय निर्धारित किया गया था। उधर सोनपती बहनजी भी मास दिवस निर्धारित कर रही थीं। जुलाई के महीने में पहली लगन पर निबटा देंगी बड़ी को। कुछ तैयारियाँ भी शुरू हुई थीं। कुछ साड़ियों पर फॉल लगाने का काम हमारे घर भी आया था। कुछ बेल-बूटे काढ़े जाने लगे थे। किसके घर ढोलक मिलेगी, खोज होने लगी थी। सोनपती बहनजी स्कूल के संगीत कक्ष का हारमोनियम उठा लाई थीं। असल में संगीत कक्ष जैसा कुछ था नहीं। कभी काल्पनिक संगीत कक्ष के नाम पर हारमोनियम और ढोलक मँगाया गया था। ढोलक बी.एस.ए. के घर पर रह गई थी। हारमोनियम स्कूल के एक कोने में पड़ा ऊँघता रहता था। उस पर मिट्टी की कई परत जम गई थी। उसी हारमोनियम को उठाकर लाया गया था। उसे गीले कपड़े से पोंछ-पोंछकर चमकाया गया था। फिर उनकी किसी लड़की ने गिटर-पिटर करके उसे छेड़ा। बड़ी अजीब-सी 'चें...चें...में...में...' की धुन निकली। तब फलाने मास्टर की लड़की को बुलाया गया। लड़की ने संगीत की कुछ पढ़ाई की थी। लड़की ने स...रे...ग...म बजाकर दिखाया। कोई भी गीत चलता, वह स...रे...ग...म बजाती रहती। हारमोनियम के इस सदुपयोग पर सब लोग खुश हुए। सोनपती बहनजी चहकीं और अपनी बड़ी लड़की के सिर पर पहली बार प्यार से हाथ फेरने लगीं। बड़ी लड़की इस अचानक के दुलार से चकरा गई और जड़वत् खड़ी रही। लड़की के सिर पर हाथ फेरते-फेरते सोनपती बहनजी रो पड़ीं। लड़की

तब भी जड़वत् खड़ी रही। तब उन्हें अपनी भारी भूल का अहसास हुआ। उन्होंने आँसू पोंछकर कहा, "अन्दर जाओ!" लड़की ने राहत की साँस ली और अन्दर चली गई। अन्दर उसे एक गन्दा-सा सलवार-कुर्ता पहनने को कहा गया। फिर हल्दी लगाने की रस्म शुरू हुई। हल्दी लगाते समय एक दिन गहरी साँस लेकर बड़ी लड़की ने अपनी दोस्त से कहा, जो उसके पैरों में हल्दी पोतते हुए हँस रही थी।

"ऐसे लड़के मिलते कहाँ हैं?"

"कैसे?" दोस्त ने हल्दी लगाना और हँसना रोककर पूछा।

"वैशाली के चड्ढा जैसे।" बड़ी लड़की ने धीरे से कहा।

"पता नहीं।"

दोस्त एकदम निर्लिप्त-सी लगने लगी। लेकिन अगले ही क्षण वह उठी और अपने घर चली गई। बड़ी लड़की इससे जरा भी हैरान नहीं हुई।

फिर शादी का दिन आया। खूब धूमधाम मच गई। लोग आने लगे। यहाँ तक कि वे रिश्तेदार भी आए, जो वर्षों पहले बेगाने हो चुके थे। सोनपती बहनजी ने उन्हें ढूँढ़-ढूँढ़कर चिट्ठी लिखी थी और खास बुलावा भेजा था। वे दिखाना चाहती थीं कि उनकी मदद के बिना भी वे कहाँ तक पहुँच गई हैं! लड़की की शादी कर ले रही हैं! रिश्तेदार आए थे और लाख जलन के बावजूद अपनी खुशी प्रदर्शित कर रहे थे। वे न्योता सौंपने के बाद पूरे अधिकार भाव से अपनी जिम्मेदारी समझकर काम-धाम में जुट गए थे। लगता ही नहीं था कि वे वर्षों बाद मिल रहे हैं। बल्कि आज के उनके अवतार को देखकर कोई यकीन भी नहीं कर सकता था कि इन्हीं लोगों ने सोनपती बहनजी की कभी बड़ी दुर्दशा की थी। मीन-मेख निकालनेवाले भी दो-एक थे, पर बाकी लोग मामला सँभाल लेते थे। एक रिश्तेदार शामियाने में एक तरफ कुर्सी खींचकर बैठ गए थे। वे न्योता का हिसाब लिख रहे थे। उनके पास एक पतली-सी कॉपी थी, जिस पर वे न्योते की रकम नोट करते जाते थे और अपने बगल के झोले में रुपये का लिफाफा रखते जाते थे। कुछ लोग आकर सीधे अपना न्योता सोनपती बहनजी को सौंप चुके थे। धीरे-धीरे लोगों को यह व्यवस्था पता चली। तब वे सोनपती बहनजी को छोड़कर न्योता लिखनेवाले आदमी के पास अपना-अपना न्योता लिखवाने दौड़े। जो लोग पहले ही अपना न्योता

सोनपती बहनजी को सौंप चुके थे, वे भी कॉपी में अपना नाम लिखवाने दौड़े। लिखवा देना एक पक्का सबूत था। लोग दिये न्योते का सबूत रखना चाहते थे। वे लोग लिखने वाले आदमी से कहते, "इक्यावन रुपये के बगल में लिख दो—सोनपती बहनजी को दिये।" लिखनेवाला लिख देता। लोग निश्चिन्त होकर बारात के आने का इन्तजार करने लगते।

'बारात बस आ ही रही है,' यही सुनने को मिल रहा था। कोई कहता गाँव से निकल चुकी है। घंटा भर लगेगा। कोई कहता सीवान तक पहुँच गई है। कोई यह भी कह देता कि कितनी दूर है ही, चलती तो पहुँच न गई होती अब तक? जरा फोन लगा के पूछो तो, क्या खबर है? इस तरह सोनपती बहनजी लगातार फोन लगाकर पूछने की कोशिश करतीं। मगर नेटवर्क हल्का-सा पकड़ में आता कि चला जाता। 'गाँव में वहाँ थोड़ा नेटवर्क की दिक्कत है,' वे परिचितों और रिश्तेदारों से कहतीं। इस तरह जब रात के ग्यारह बज गए तब सोनपती बहनजी का धैर्य टूट गया। वे चिन्ता में अपने रिश्तेदारों से कहने लगीं कि दो लोग दूल्हे के गाँव की तरफ निकल जाएँ, बारात रास्ते में कहीं पहुँची होगी तो भी पता लग जाएगा या कि कोई दिक्कत होगी तो वह भी। लेकिन रिश्तेदार कह रहे थे कि इसमें रात और मुहूर्त दोनों निकल जाएगा। न्योता लिखनेवाला आदमी हल्का-हल्का मुस्कुरा रहा था और बार-बार कॉफी मँगवाकर पी रहा था। सोनपती बहनजी मोबाइल घुमाए जा रही थीं। लगातार प्रयास में लगी थीं मगर फोन लगता ही नहीं था। बेकार गया आज फोन का होना। उधर से कुछ खबर नहीं आ रही थी। कहाँ तो लगा था कि मोबाइल से हर पल की खबर मिलती रहेगी! जहाँ पहुँचेंगे अपने खेमे के भीतर, तुरन्त एक आदमी मिठाई, कोल्ड ड्रिंक लेकर दौड़ जाएगा। कहाँ कुछ अन्दाजा ही नहीं हो रहा! जितने मुँह, उतनी बातें शुरू हो गईं। किसी ने यह भी पूछ लिया कि सब ठीक से तय तो किया था? मामला पैसों पर तो नहीं अटका है? तभी दूल्हे के घर से चार लोग पहुँच आए। खबर मिलते सोनपती बहनजी दौड़कर आईं। वे लोग हाथ जोड़कर बड़े दुख के साथ कहने लगे, "बहनजी, आप तो जानती ही हैं कि लड़का फौज में है। पाकिस्तान सीमा पर है। ऐन वक्त पर अफसरों ने उसकी छुट्टी कैंसल कर दी। उधर से निकल ही नहीं पाया। उधर कुछ आतंकवादी घुस आए हैं, लड़ाई चल रही है। हमें, आपको क्या पता कि वहाँ जब तब लड़ाई छिड़ी रह रही है। सीमा पर यही तो आफत है। हम

लोग भी राह देखते-देखते थक गए। वहाँ फोन भी नहीं लगता। हम कर नहीं सकते। उसके लिए भी मुश्किल है। नहीं तो कब का पता चल गया होता। सीमा का मामला है। हम लोग भी इसमें कुछ नहीं कर सकते। जैसे खबर मिली है, दौड़े चले आ रहे हैं। रास्ते भर फोन लगाते रहे, आपका फोन कभी व्यस्त आवे तो कभी पहुँच से बाहर। अब जाड़े तक इन्तजार करना पड़ेगा। घबड़ाइए मत। हम लोग शादी से पीछे नहीं हटेंगे। यहीं होगी, अपने चार रिश्तेदारों की गवाही में हमसे कौल भरवा लीजिए।''

सोनपती बहनजी जड़वत् बैठी रह गईं। यह कैसा वज्रपात हुआ? पूरा मंडप सजा है। रिश्तेदार वर्षों बाद पधारे हैं। उनके आगे कुछ सिर ऊँचा हुआ था उनका। अब वही सिर झुक गया है। आज एक बड़ा काम निबट जाने को था। यह भगवान ने उनके साथ कैसा सुलूक किया? अब वे क्या मुँह दिखाएँगी? किस मुँह से कहेंगी कि अपने बलबूते सब साध लिया था उन्होंने? लड़की के दुर्भाग्य का क्या कहें? उन्हीं के साथ होना था ऐसा? कहाँ तो लोग जल रहे थे कितना बढ़िया नौकरीवाला लड़का खोज लिया बहनजी ने? कहाँ आज यह दिन! दुनिया-भर की बदनामी। किसी का मुँह तो नहीं रोक सकते। कौन समझेगा कि फौज में ऐसे अचानक छुट्टी कैंसल भी हो जाती है। मुझे ही कौन-सा यकीन था कि सच में ऐसा हो जाएगा? सुनती थी पर यकीन नहीं करती थी। लोग भी क्यों यकीन करेंगे? पता नहीं कौन क्या कह दे?...

जड़वत् बैठी सोनपती बहनजी में स्पन्दन हुआ और वे हल्की-सी हिलीं फिर उनकी आँखों से आँसुओं की बूँदें रह-रहकर टपकने लगीं। पास बैठे उनके रिश्तेदार समझाने लगे, ''भाग्य से आगे तो कोई नहीं निकल सकता। आपौ नाहीं निकल सकतीं। अच्छे लोग हैं लड़केवाले, देखो, खुद भी वे लोग परेशान हैं। उनहूँ के यहाँ तो सब तैयारी रही। सब धरी रह गई कि ना? अब दूल्हा के बिना तो बिआह नाहीं हो सकता है। तो जरा धैर्य रखौ। शादी तो तय बनी हुई है ना। ये लोग पीछे नहीं हट रहे। इस पर ध्यान दो।'' फिर वे दूल्हे के घर से आए लोगों से मुखातिब हो गए, ''देखिए, वहाँ, जहाँ दूल्हा न पहुँच पावे, तो तलवार रखकर या उसकी फोटू रखकर शादी कर देते हैं। वह चलन तो हमारे यहाँ है नहीं। नहीं तो इसका तोड़ तो है ही। लोगों ने ऐसी ही परेशानियों में बनाया होगा।'' यह कहकर वे रिश्तेदार् थोड़ा-सा हँसे। फिर हँसना रोककर आगे कहने लगे, ''फौजी आदमी की छुट्टी का कोई भरोसा

है! इस पर तो पहले थोड़ा सोचना चाहिए था। देश की रक्षा भी जरूरी है भई। क्या करें? फौजी अपना सुख छोड़ देता है, नेता नहीं छोड़ते। किसी नेता को पता है कि फौजी को ऐसी स्थिति से भी गुजरना होता है? हाँ, बोलो भाई, बताइए आप लोग, समझाइए बहनजी को।'' वे आखिरी बात तक आते-आते थोड़ा तल्ख होने लगे। तब एक दूसरे रिश्तेदार ने बात की डोर को उस दिशा से खींचकर वापस पटरी पर किया।

''देश का मामला ऐसा ही है। उसे छोड़िए, अभी की बात करिए। अगर देश बीच में न होता तो...और किसी की बारात रुक जाए तो अब तक क्या से क्या नौबत आ जाती। बल्लम-भाला चल जाता। लाठियाँ निकल जातीं। ऐसे छोड़ते हम लोग।''

सोनपती बहनजी इस बात से डर गईं। बात कहाँ की कहाँ जा रही थी। बारात जरूर नहीं आ पाई थी। दूल्हा जरूर ड्यूटी पर से निकल नहीं पाया था। पर देश की बात आ जाने से कहीं-न-कहीं मन में वे गर्व महसूस कर रही थीं और किसी भी हालत में इस रिश्ते को अपनी गाँठ से सरकने नहीं देना चाहती थीं। दूसरे उन्हें डर था कि रिश्तेदार मन-ही-मन उनसे जल रहे होंगे, ऊपर से भले बन रहे हैं! कहीं इस मौके की आड़ में शादी ही न काट दें? रुलाई उन्होंने तुरन्त रोकी और घबड़ाकर कहने लगीं, ''कैसी बात कह रहे हैं भइया? ये गाँव थोड़े है कि बात-बात में लाठी-बल्लम निकल जाए। हम लोग समझते हैं एक दूसरे की मजबूरियाँ। कोई देश के लिए सीमा पर लड़ रहा है तो उसे कुछ कैसे कह सकते हैं? कोसना हो तो जाओ नेताओं को कोसो, जो रोज सीमा पर लड़ाई लगवाए रहते हैं। पता नहीं इन सबों को अपने लोगों का सुख-चैन छीनकर कौन-सा खजाना मिल जाता है? हम इन्तजार कर लेंगे। हम भी पीछे नहीं हटेंगे। अब सुख-दुख सब साझा हो गया है हमारा। क्यों भाई साहब?'' उन्होंने दूल्हे के घर से आए ताऊजी को सम्बोधित करके कहा। दूल्हे के घर से आए लोगों को उनकी इस बात से बड़ी राहत मिली।

बात बिजली के करंट की तरह फैल गई थी। औरतें झाँक-झाँककर दूल्हे के घर से आए लोगों को देख लेना चाहती थीं। आदमी बिना काम उधर से गुजरकर देख ले रहे थे। कुछ लोग वहीं आसपास खड़े हो गए थे। इस तरह दूल्हे को न देख पाने का सन्तोष घरवालों को देखकर पा रहे थे। बातें भी बनने लगी थीं। बड़ी लड़की ने अपनी पीली साड़ी उतारकर फेंक दी थी और पुराना

सलवार-कुर्ता पहन लिया था। मेहमानों को विदा करके सोनपती बहनजी उठीं और अपने एक रिश्तेदार को बुलाकर बिना किसी भाव के बोलीं, "सबको खाना खिलवा दो। बाँट दो भइया। अब खतम करो आज का कार्यक्रम।" उनके इतना कहते ही, वे तमाम लोग, जो बारात का इन्तजार करते-करते थककर और भोजन के इन्तजार से निराश होकर ऊँघने लगे थे, एकदम जग पड़े। जगकर खाने के पंडाल की तरफ दौड़े और खाने पर झपट पड़े। औरतें और बच्चे आवाजें करते हुए निकले और खाने के पंडाल की तरफ दौड़े। लोग आपस में बतियाने लगे। कोंहड़े की सब्जी क्या सिझा-सिझाकर बनाया है, खटाई डालकर। खाना इतना स्वादिष्ट की अँगुलियाँ चाटते रह जाओ। साग कितना बढ़िया बना है! कोई कोफ्ते पर फिदा है। रायता अलग बड़ा स्वादिष्ट है। कोई कह रहा है—भई, हलवाई कहाँ से बुलाया? तो कोई हलवाई से अपनी पहचान प्रमाणित करने में जुटा है। किसी के पास ऐसे बढ़िया हलवाइयों की पूरी फेहरिस्त है। मिठाइयाँ वैसे तो सिर्फ बरातियों के लिए थीं, लेकिन अब स्थिति ऐसी नहीं रही तो कुछ उठाकर कमरे में रखवा दी गईं। रिश्तेदार जाते समय ले जाते। बाकी बाँट दी गई। उस पर भी लूट मची। पान का बीड़ा थाली में सजाकर रखा था। खास मगही पान था। वैसे ही पड़ा सूख रहा था। किसी ने याद दिलाया। लोग खाना खाने के बाद पान का बीड़ा उठाने लगे। थोड़ी ही देर में थाली खाली हो गई। किसी को मिला, किसी को नहीं मिल पाया। बच्चों में इसके लिए झगड़ा भी मचा। पानवाले ने समय की नजाकत भाँपकर थाली भर पान लगाने के बाद पान लगाना बन्द कर दिया था। जब लोग खानेवाले पंडाल की तरफ दौड़े थे, तब वह भी खानेवाली मंडली में मिल गया था। इसलिए लोगों को वह मिला ही नहीं कि उससे और पान लगवा लेते। कोई-कोई इससे भी आगे गया। उसने पानवाले को खोज लिया लेकिन वह भी पानवाले को खाने से विरत कर पान लगवा लेने में असफल हुआ। 'बस, अभी आया जी,' पानवाला कहता रहता। पर आता नहीं। उसके इन्तजार में रुके लोग इन्तजार करते-करते ऊब जाते और अन्त में इधर-उधर चले जाते। उसने अपना एक बंडल पान का पत्ता बचा लिया था।

उधर एक महीने की अवधि बीत गई थी। निरुपमा दी के भाई कुछ ठीक हो रहे थे। हालाँकि उन्हें कभी-कभी चक्कर आ जाता था। लोग इसे कमजोरी

से ज्यादा कुछ नहीं मानते थे। तब निरुपमा दी घर से निकलीं और जाकर डॉक्टर सारस्वत के घर के गेट के पास खड़ी होकर इन्तजार करने लगीं। घर का गेट जिस दीवार में अटका था, उसकी एक तरफ एक कागज चिपका था। कागज पर खून से इबारतें लिखी थीं। खून सूखकर कड़ा हो गया था। उस पर जमाने भर की गर्द चिपक गई थी। निरुपमा दी गेट के एकदम पास चली गईं और कागज को पढ़ने लगीं। यह उन्हीं का खत था। वे एक क्षण को हतबुद्धि- सी खड़ी रह गईं। यह क्या देख रही थीं वे? उनका मन हुआ कि तुरन्त फाड़कर फेक दें, लेकिन तुरन्त ही उन्हें यह भी ध्यान आया कि यह बात सप्रमाण सूरज कुमार को जरूर बतानी चाहिए। उनका हाथ रुक गया। वे गेट के पास टहलने लगीं। गेट की दीवार के अन्तिम छोर के कुछ पास पान की एक गुमटी थी। गुमटी का अपना प्राचीन इतिहास था। उसे बार-बार यहाँ से हटा देने का प्रयास हुआ था। लेकिन गुमटी टस से मस नहीं हुई थी। शहर के कुछ खास लोग भी चाहते थे कि गुमटी यहाँ रहे। असल में गुमटी डॉक्टर सारस्वत की सफेद रंग की पुरानी हवेली के सामने एक धब्बे की तरह दिखती थी। इससे कुछ लोगों के दिल को बड़ा सुकून था। इसी सुकून को बनाए रखने के लिए गुमटी को बनाए रखा गया था। उसी गुमटी में से पानवाला झाँक-झाँककर देख रहा था। वह मुस्कुरा रहा था और रेडियो बजा रहा था। जब आधा घंटा बीत गया और सूरज कुमार गेट से निकलते हुए नहीं दिखे, तब निरुपमा दी पानवाले की गुमटी के पास आईं।

"भइया, जरा अपना मोबाइल दो, एक ठो कॉल करना है। पैसा ले लेना।"

निरुपमा दी सोचते हुए बोलीं। पानवाला उछाह से भर गया।

"बोलिए, नम्बर बोलिए। अभीहै लगा देते हैं।"

इससे पहले कि निरुपमा दी नम्बर बोलतीं, पानवाले को सूरज कुमार बरामदे से उतरकर गेट की तरफ पहुँचते दिख गए।

"क्या नम्बर लगवा रही हैं? वो देखिए, भइया जी साक्षात् चले आ रहे हैं।" पानवाले ने रस में डूबकर कहा।

"आपको कैसे पता कि मैं उन्हें फोन लगा रही थी?" निरुपमा दी ने चिढ़कर कहा।

पानवाला इस पर कुछ बोला नहीं, भावों से भरकर मुस्कुराया। उस मुस्कुराहट से ध्वनित हुआ, 'हमें सब पता है जी!' निरुपमा दी समझ गईं और नाराज भाव से मुड़ गईं। उन्होंने भरी सड़क पर हाथ पकड़कर सूरज कुमार को खून से लिखे खत के सामने खड़ा कर दिया, "देखो, अपनी आँख से देखो। कैसे आया यह यहाँ?" सूरज कुमार भी हतप्रभ हुए। कुछ देर को समझ में न आया कि क्या कहें? फिर गुस्साकर उन्होंने खत फाड़कर फेंक दिया।

"न रहेगा बाँस न बजेगी बाँसुरी।" हल्की आवाज में वे बुदबुदाए।

"क्या कह रहे हो? कैसे देख रहे हो? यही है तुम्हारे आराम में खलल?"

इस पर सूरज कुमार ने कहा, "तुम कुछ नहीं समझतीं? कल्पना में रहती हो। परसों यह पापा के हाथ जाने कहाँ से लग गया! बस, फिर क्या, खूब हंगामा कटा! उठाकर उन्होंने इसे गेट के बाहर फेंक दिया। कौन जाने किसने उठाकर इसे दीवार पर चिपकाया है? तुम्हारे तो सब दुश्मन हैं! सब तुम्हारे खिलाफ काम करते हैं! है न? क्या पता इसी पानवाले ने लगा दिया हो?"

इस पर निरुपमा दी का गुस्सा भी आग पकड़ने लगा। सूरज कुमार की लम्बी चुप्पी को वे सहन कर गई थीं। लेकिन यह मुखरता बर्दाश्त के बाहर थी। वे तो सिर्फ वैशाली के आदर्श वाले अपने प्रस्ताव पर सूरज कुमार का विचार जानना चाहती थीं। उन्होंने सोचा नहीं था कि यह प्रस्ताव इतना छोटा नहीं है, जिस पर झट से 'हाँ' या 'नहीं' कर दिया जाए। यह प्रस्ताव तो सदी का सबसे भीषण प्रस्ताव था, यह आज उन्हें समझ में आ रहा है। वे गुस्से में बोलीं तो सूरज कुमार उससे बढ़कर गुस्से में बोले। गुस्से में वे वह सब कहने लगे, जो कहने से अब तक अपने को रोके हुए थे। वे जाति-बिरादरी से होते हुए, पिता की तबीयत से लेकर अन्त में यहाँ तक पहुँचे कि जो गलती वैशाली ने की, वही गलती वे नहीं दुहराना चाहते।

तब निरुपमा दी ने तेज आवाज में कहा, "अच्छा, तो अब वैशाली का आदर्श गलती में बदल गया है! यह मैंने नहीं सोचा था। मैं समझती थी, तुम्हीं हो इस दुनिया में, जो वैशाली की तरफ है। वैशाली को अकेला कर दिया तुमने? अपनी बहन को? जाति-बिरादरी में चले गए तुम! धन-दौलत गिनने लगे? अच्छा हुआ कि बात इतनी साफ हो गई।"

सूरज कुमार ने इस तरह नहीं सोचा था। वे नहीं जान पाए थे कि वे बहन को अकेला कर रहे हैं। यह बात उन्हें चुभ गई। अचानक उनका स्वर कमजोर

पड़ गया। कमजोर स्वर के बावजूद वे अपनी टेक नहीं छोड़ पाए। कहने लगे, "जो समझना चाहो, समझो! मैं अब माता-पिता को और मुसीबत में नहीं डाल सकता। इसका जो भी अर्थ लगाना है, लगाओ। नौटंकी जाकर कहीं और करो, जाओ यहाँ से!"

झगड़ा जैसे-जैसे बढ़ता था, पानवाला गुमटी से रेडियो की आवाज कभी तेज तो कभी एकदम धीमा कर देता था। इस बीच एक-दो लोग तम्बाकू का पाउच माँगने आ गए। उसे लगा कि वे उसके आनन्द-संसार को भंग कर देना चाहते हैं। वह अपने आनन्द-संसार को बचाना चाहता था। इसलिए आँखों ही आँखों में उन्हें कुछ देर रुकने का प्रस्ताव भेजता था। कोई रुक जाता था। रुकते हुए बगल के दृश्य में डूबने को होने लगता था।

"क्यों बे! नौटंकी चालू है?" किसी ने हँसकर कहा।

"लेटरवा आप पढ़े कि नहीं?" पानवाला बड़े धीरे से पूछता।

"नहीं भई, कौन-सा?" आगन्तुक चौंककर कहता।

"वही, खूनवाला।"

"खूनवाला! कल कुछ लोग कह तो रहे थे। सच में था क्या?" आगन्तुक अपनी उत्सुकता दबाते हुए पूछता।

"और नहीं तो क्या? अभी-अभी फाड़ के फेंके हैं महाराज!"

"फाड़े काहे को?"

"आपके इन्तजार में बैठे रहते? डॉक्टर साहब निकलकर देखते तो कुल गेटवा ढहा देते, समझे!" पानवाला फुसफुसाकर रहस्य उद्‌घाटित करता।

इधर रोने की एक तेज आवाज के साथ निरुपमा दी मुड़ीं और चिल्लाईं, "ऐ, बन्द करो अपना रेडियो!"

पानवाले ने रेडियो बन्द नहीं किया। हँस-कर आगन्तुकों से बोला, "ये लीजिए, आपका तम्बाकू नम्बर 300 लगा दिये हैं।"

निरुपमा दी मुड़ीं और तेज कदमों से अपने घर की ओर लौटने लगीं। सूरज कुमार ने गेट को बन्द होने के लिए जोर से ठेला और अन्दर चले गए। उन्होंने यह भी नहीं देखा कि गेट बन्द नहीं हुआ था, और खुल गया था।

निरुपमा दी चलती जाती थीं, सोचती जाती थीं। सोचती थीं तो आँख भर आती थी। फिर सिर झटककर अपने को उन विचारों से मुक्त करने की कोशिश करती थीं। क्या सोचकर निकली थीं और क्या हो गया था! सूरज

कुमार इतने महीनों से बात करना टाल रहे थे। जब भी उनके मोबाइल पर फोन लगाओ, 'अभी थोड़ी देर में बात करता हूँ' कहकर काट देते थे। एक तो फोन करना इतना मुश्किल था। घर में बमुश्किल एक फोन था, जिस पर सबका अधिकार था, पर वह रहता था हरदम बड़े भाई के पास। आजकल बड़े भाई कुछ ठीक हो रहे थे, इसलिए फिर से उसमें रिचार्ज वगैरह कराकर अपने पास रखने लगे थे। यह तो कोई समझता नहीं! यही कि फोन कर ले जाना भी एक आसान काम नहीं है। चलो, यह भी अच्छा हुआ कि आज सूरज कुमार की पोल-पट्टी खुल गई। कितनी ही बार उन्होंने सूरज कुमार के यह कहने पर भरोसा किया था कि 'समझा करो' या 'सही समय आने दो' या 'थोड़ा इन्तजार नहीं कर सकतीं'। वे निरुत्तर होती रहती थीं। इन्तजार करतीं, पर कब तक? अब उन्हें ठान ही लेना था कि बात साफ हो जानी चाहिए। इसी इरादे से उन्होंने कहा था कि बाहर आओ, घर से निकलो और बात साफ कर दो। इन्तजार का कोई भविष्य हो तो इन्तजार किया जाए? सूरज कुमार तो आज भी टाल-मटोल पर थे। कह रहे थे, अब तुम लखनऊ आ जाओ किसी बहाने, तब बात करेंगे। अब मेरे लिए यह कहाँ सम्भव है कि अकेले लखनऊ चली जाऊँ? या क्या पता मुझे लखनऊ निकल जाना चाहिए था? लेकिन आज जो कुछ सुना, उससे तो लखनऊ जाना एक बेवकूफी के सिवाय कुछ न होता! उन्हें बहलाकर रखना चाहते थे क्या? न छोड़ना चाहते थे, न अपनाना चाहते थे। यह बीच का मामला तो बड़ा मुश्किल है। आखिरकार आज मन की सब बात जबान पर आ ही गई। सब पोल खुल गई। जाति आज तक नहीं थी, न जाने कहाँ से बीच में आ गई? दोस्ती भी तब तो जाति देखकर करनी चाहिए। उसी घर में वैशाली के आगे जाति नहीं आई थी! उसको गए भी कितना अर्सा हो गया। इन लोगों की इसी सोच के कारण उसे सबको छोड़कर जाना पड़ा। नहीं तो कौन जाना चाहेगा अपनों से दूर? अब देखो, आज माँ-बाप का मान-सम्मान भी बीच में आ गया। पता नहीं सम्मान को ठेस क्यों पहुँचेगी? समझाया तो जा सकता है लेकिन नहीं, जब खुद ही आदमी ऐसा सोचे, तो दूसरों को क्या बताएगा? वैशाली के बीच भी तो आए होंगे? वह इस दुनिया की प्राणी नहीं थी क्या? यही सब मन में उमड़-घुमड़ रहा था। सूरज कुमार को भी क्या दोष दें? सब लड़कों में हिम्मत कहाँ है? सहूलियत भर दोस्ती चाहिए। सहूलियत भर प्यार चाहिए। 'जिम्मेदारी भर' नहीं चाहिए।

वे अपने में मगन चली जा रही थीं कि अचानक ही हल्ला मचाती लड़कों की भीड़ ने उन्हें घेर लिया। वे अपने विचार में अटकी थीं। कौन थे ये लोग और क्यों आ गए थे? क्या चाहते थे? वे पूछ भी नहीं पाईं। हतप्रभ-सी देखती रहीं कि दो लड़कों ने लपककर उनका हाथ कन्धे पर से पकड़ लिया। तब राजकुमार की तरह चेयरमैन साहब के लड़के सामने आए। उनके हाथ में सिन्दूर की एक बड़ी-सी सिंघौरा जैसी डिबिया थी। उससे चुटकी भर सिन्दूर निकालकर चेयरमैन साहब के लड़के ने निरुपमा दी की माँग में भर दिया। लड़के हल्ला मचाकर हँसे।

"अब से तुम हमारी हुईं।" उन्होंने सगर्व ऐलान किया।

"हमारी भी।" सिन्दूर की डिबिया से सिन्दूर निकालकर दूसरे लड़के ने भी माँग में डाल दिया।

"ले बे, तू भी बहती गंगा में हाथ धो!"

इस तरह माँग में सिन्दूर डालने का उत्सव शुरू हो गया। लड़के हाथ, पैर, नाक, मुँह छू-छूकर देखने लगे। छूने के इस क्रम में खींचतान होने लगी। कपड़े जगह-जगह से फटने लगे। निरुपमा दी जकड़े हुए हाथों को छुड़ाने की कोशिश करतीं, पैर चलातीं, गालियाँ देतीं, चीखतीं, लेकिन उनकी आवाज कहीं नहीं पहुँचती। उनका दुपट्टा किसी ने खींचकर दो टुकड़े कर दिए, फिर दो लोगों ने उसे अपने-अपने सिर पर बाँध लिया। जब कपड़े फट गए, कुर्ते के अन्दर से ब्रा झाँकने लगी। फिर ब्रा के अन्दर से शरीर झाँकने लगा। सलवार का नाड़ा खींच लिया गया। तब चेयरमैन के लड़के ने कहा, "बस, बस, उत्सव बन्द करो!"

सलवार को दोनों हाथों से पकड़े, रोती-बिलखती निरुपमा दी की तरफ मुड़कर चेयरमैन के लड़के ने कहा, "ऐसे रो रही है जैसे रेप हुआ हो! अभी तो हमने कुछ किया ही नहीं। जा, पुलिस बुला ले! चलो भई साथियो!" और सब हल्ला मचाते, हँसी-ठट्ठा करते आगे बढ़ गए।

निरुपमा दी बची रह गईं। जमीन पर बैठकर हिलक-हिलककर रोतीं। रोते-रोते बेहोश होने जैसी हालत होने लगी। कुछ देर बाद वहीं जमीन पर वे गिर गईं।

कुछ देर में उधर से सफेद रंग की एम्बेसेडर गाड़ी गुजरी। यह गाड़ी शहर के सरकारी अस्पताल के डॉक्टर सुरेश के नाम से पहचानी जाती थी। डॉक्टर

सुरेश सोनपती बहनजी के घर के पास, कुछ एक किलोमीटर की दूरी पर रहते थे। सोनपती बहनजी परेशान-सी उसी गाड़ी में बैठी थीं। वे बार-बार सड़क की ओर ऐसे देख रही थीं, जैसे गाड़ी की गति की सीमा को अपनी आँखों के देखने से पार कर जाएँगी। गाड़ी डॉक्टर सुरेश चला रहे थे और गाड़ी से जलने की तेज दुर्गन्ध आ रही थी। गाड़ी निरुपमा दी के पास से गुजरी तो सोनपती बहनजी ने भर्राए गले से डॉक्टर साहब से कहा, ''डॉक्टर साहब, जनौ कोई लड़की गिरी पड़ी है।''

डॉक्टर साहब ने गाड़ी रोक दी। उतरकर देखा तो हैरान रह गईं।

''अरे, जे के का भया ? न जाने कौन दुखिया है ?'' उन्होंने डॉक्टर साहब को आवाज दी।

डॉक्टर साहब ने बहनजी की मदद से निरुपमा को उठाया और गाड़ी में पीछे उसी जगह लाद दिया, जहाँ पटरा रखकर चार जली हुई लड़कियों को लिटाया गया था। डॉक्टर सुरेश गाड़ी चलाते-चलाते हिदायत देते जाते। सोनपती बहनजी आँसू पोंछती जातीं और अपने को कोसती जातीं, ''डॉक्टर साहब, हमें पता ही न चला कि चारों ने कब कैसे अपने को आग लगा लीं ? न जाने कहाँ चूक रह गई हमसे ? जब देखा कि मेरे झोले में माचिस की डिबिया नहीं है, तभी दिमाग खटका था। लेकिन डिबिया निकालने की हिम्मत तो कोई कर ही नहीं सकता था। कब इन सबों ने यह हिम्मत की ? यही हिम्मत करना था इन सबों को! इससे तो अच्छा था भाग जातीं। मेरा तो सब संसार ही लुट गया।'' वे रोती जातीं, अस्पताल नजदीक आता जाता।

''हैरानी की बात है कि चारों ने एक साथ ऐसा किया! इसका केस तो बनेगा ही बहनजी। इस बच्ची का भी केस बनेगा।'' डॉक्टर ने चिन्ता से कहा।

अस्पताल में बाकायदा कार्यवाहियाँ पूरी करके चारों लड़कियों को मृत घोषित कर दिया गया। निरुपमा दी अस्पताल में भर्ती कर ली गईं। तमाम प्रेस फोटोग्राफर दौड़े। पुलिस ड्यूटी पर आई। फोटो लिये गए। पहले जली हुई चार लड़कियों के, फिर चिंदी-चिंदी हुई एक लड़की का।

पुलिस बयान लेने लगी। सोनपती बहनजी रो-रोकर, जो देखा था, सब बताने लगीं। कैसे घर में से जले की दुर्गन्ध से पड़ोसी इकट्ठा हुए थे। जब वे आईं तो सबसे पहले भीड़ दिखी थी। उन्हें लगा था कि मोहल्ले के लड़कों ने आपस में मारपीट की होगी। जैसा कि अक्सर ही हो जाता था। माँ-बाप

अपने-अपने लड़कों की तरफ से लड़ने लगते थे। फिर लड़ाई का दायरा बढ़ता था और मोहल्ले के लोग इकट्ठा होने लगते थे। अपनी-अपनी तरह से, अपनी-अपनी समझदारी या तरफदारी के मुताबिक लोग इसका या उसका पक्ष लेने लगते थे। कुछ लोग कोई पक्ष नहीं लेते। सिर्फ तमाशा देखते। तमाशा देखने का अपना आनन्द था। न्यायाधीश की भूमिका निभाने का अपना आनन्द था तो पक्षदारी का भी आनन्द था। इसलिए जब वे नजदीक पहुँचीं तो भीड़ के पीछे से उझककर देखने की कोशिश करने लगी थीं। धीरे से किसी से पूछ भी लिया था, "ए बाबू, केहू चोटाइल बा?"

जिससे पूछा था, वह जवाब न देकर उन्हें देखने लगा था।

फिर उसने चिल्लाकर कहा था, "अरे, आई गईं। सोनपती बहिनजी आई गईं।"

उसके चिल्लाने से भीड़ में कोई बम फूटने जैसा कुछ फूटा था और भीड़ छितराकर उनकी तरफ मुड़ी थी। तेज चिरायँध आ रही थी। वे सोच ही नहीं पाईं कि उनके यहाँ से आ रही है! चिल्लानेवाले लड़के के चिल्लाने को भी नहीं समझ पाई थीं। जब कई औरतें उनकी तरफ लपकीं और मोहल्ले के कई बुजुर्ग आदमी—सबने उन्हें कन्धे से पकड़ने की कोशिश की थी।

जब उन्होंने कन्धे की पकड़ को झटककर कहा था, "बात क्या हुई? हमारे घर में आग लग गई क्या?" इतना कहकर वे अपने घर की तरफ दौड़ी थीं।

उनके पीछे मोहल्ले की कई औरतें, कई मर्द दौड़े थे।

पहले दौड़े बुजुर्ग दौड़ में पीछे रह गए थे।

बच्चे नहीं दौड़े थे। वे घर के आसपास मँडरा रहे थे।...

दरवाजा खुला था।

बुझी हुई आग, पानी से सना घर जगह-जगह से दरक गया था।

तब उन्होंने वह दृश्य देखा था, जिसे देखकर उनकी आँख फूट क्यों न गई?

कि जिसे देखने के लिए ही बची रह गई थी उनकी आँखों की जोत?

कि जिसे देखने के लिए ही खटती रही थीं अब तक?

पाई-पाई का जोड़-घटाना करती रही थीं?

गाँठ से सारी पूँजी ही सरक गई जी!

वे उखड़े हुए पलस्तर वाली अस्पताल की उस दीवार पर, जिसे कोई वर्षों पहले पान थूकने की जगह की तरह इस्तेमाल करता रहा होगा, अपना सिर धड़-धड़ पटकने लगीं।

पुलिस वाला बयान लिख रहा था। लिखना रोककर उसने इशारे से डॉक्टर से कहा, ''शान्त कराओ महराज! बुढ़िया तो टाइम खा जाएगी! लिख लूँ तो छुट्टी मिले। और भी काम हैं जमाने में...सुपर टॉकीज वाले से दो सीट रिजर्व कराई थी—हिट फिल्म है...मैं ही देखने से बचा रह गया था...आज मुहूरत बना भी तो देखो, आज ही कहाँ अटका दिया!''

डॉक्टर समझ गए। उन्होंने सोनपती बहनजी को हल्का-सा थपककर चेताया। तब सोनपती बहनजी हल्का-हल्का काँपती हुई, टूटती हुई, मद्धिम आवाज में कहने लगीं कि कैसे फिर वे दौड़कर डॉक्टर साहब को उनके घर से बुलाईं। संयोग से डॉक्टर साहब घर पर थे। उन्हीं की गाड़ी से आए। निरुपमा दी की तरफ से बतानेवाला कोई नहीं था। सोनपती बहनजी ने ही उनकी तरफ से भी बताया। बच्ची का यह हाल किसने किया? इस पर सोनपती बहनजी कुछ नहीं बोल पाईं। डॉक्टर सुरेश भी कुछ नहीं बोले। वे अस्पताल में उस वक्त की ड्यूटी पर थे। लेकिन वे घर पर पाए गए थे।

''भई, घर खाना खाने गया था। सभी जाते हैं। कुछ काम था तो थोड़ी देर और हो गई। बस, आने ही वाला था कि यह सब हो गया।'' उन्होंने पुलिस की बार-बार की पूछ का उत्तर दिया।

''नप सकते हो डॉक्टर!'' पुलिसवाले ने मुस्कुराकर कहा।

तब डॉक्टर ने धीरे से सौ-सौ रुपये के कुछ नोट उसकी पॉकेट में डाल दिए। तुरन्त उस घटना से उनका नाम काट दिया गया और उसकी जगह एक अज्ञात शख्स की मदद की बात लिख दी गई। डॉक्टर साहब निश्चिन्त हुए। सुबह अखबार में चेयरमैन के लड़के का नाम बदलकर छपा और शीर्षक बना, 'सिन्दूर की होली बीच सड़क पर'। किसी ने लिखा—'तार-तार हुई मर्यादा'। बड़े हृदयविदारक शीर्षक बने। पुलिसवालों ने किसी अज्ञात के नाम पर एफ.आई.आर. दर्ज की। सब काम पूरा हुआ। सब लोग चले गए। सोनपती बहनजी जमीन पर उखड़े हुए पलस्तर वाली अस्पताल की दीवार का सहारा लिये बैठी थीं, जब उनके पड़ोसी आए और उठाकर उन्हें ले जाने लगे। वे चारों लाशों के पीछे-पीछे न जाने कौन लोगों का सहारा लिये चली जा रही

थीं। जब होश में आतीं तो सिर्फ इतना उचारतीं—'हम जान नहीं पाए'। फिर वे सिर पटक-पटककर, रो-रोकर चार आत्माओं की शान्ति के लिए पाठ करने लगीं...।

एक ही ख़्वाब, जो बार-बार देखा गया

बड़ा सुन्दर मौसम था। हवा लहरा-लहराकर चल रही थी। काली-काली घटाएँ घिरी थीं। घटाएँ घिरी हों तब हवा लहरा-लहराकर चले, ऐसा कम होता था या ऐसा खास होता था। लगता था, हवा ऊपर से बादलों का कोई-कोई हिस्सा तोड़कर नीचे ले आती थी और नीचे की गहरी श्यामलता को और भी स्याह और भी काला कर देती थी। जैसे काले पर कई परत काले की चढ़ाई गई हो। स्याही में डूबा कण-कण हवा से हिल उठता था। काँपता...थरथराता- सा...। आँधी ऐसे मौसम में आने की सम्भावना जगाती थी। उसके पीछे-पीछे कभी बारिश भी चली आती थी। इसी मौसम में मैं अपनी बहनों के साथ रेलवे स्टेशन की तरफ चली जा रही थी। देखती हूँ कि आगे-आगे, न जाने कहाँ से निकलकर निरुपमा दी चली आई हैं और हमसे दूनी रफ्तार से रेलवे स्टेशन की तरफ जा रही हैं। हम उन्हीं के पीछे ऐसे चलने लगे, जैसे उन्हीं के कहे पर जा रहे हों, जबकि उनसे हमारी कोई बात नहीं हो पाई थी। स्टेशन के पास पहुँचकर निरुपमा दी एक बेंच के पास रुककर हाँफने लगीं। वे हमसे तेज चलकर आई थीं। हम उनके पीछे पहुँचे और उनके पीछे वाली बेंच के पास रुककर हाँफने लगे। वे हाँफते हुए आगे बढ़ीं और स्टेशन पर उस जगह रुक गईं, जहाँ लिखा था—'पीने का पानी'। नल खोलते ही पानी ऐसे गिरने लगा जैसे पहाड़ पर से झरना गिर रहा हो। निरुपमा दी ने अँजुरी बनाकर झरने भर जल लिया और पी गईं। झरने भर जल पीकर वे वापस उसी बेंच पर बैठ गईं। तब उनकी नजर हम पर पड़ी। उनकी आँखों में खुशी की चमक कौंधी। उन्होंने हाथ के इशारे से हमें 'पीने का पानी' वाली जगह बताई। हम सब उधर गए और अँजुरी में झरना भरने लगे। झरने में खेलने लगे। हाथ, मुँह, पाँव सब झरना हो गया। झरने भरकर हम लौटे और उसी पीछे वाली बेंच पर बैठ गए। निरुपमा दी एकदम शान्त बैठी थीं। उनके

पास का झरना शान्त था। हमारे पास का चंचल। हम बतियाने को अकुला रहे थे। तभी कुछ और लड़कियाँ आईं और निरुपमा दी की बेंच पर बैठ गईं। वे भी हाँफ रही थीं। लगता था, लम्बा चलकर आई थीं। निरुपमा दी ने उन्हें भी हाथ से इशारा किया कि झरना वहाँ है। वे भी झरने में भीग आईं। इसके बाद कुछ और लड़कियाँ आईं और हमारी बेंच पर बैठने लगीं। हम खुद ही पाँच जने थे। बैठने की जगह भर गई थी। वे अगल-बगल में खड़ी हो गईं। हमें बतियाने में संकोच होने लगा। हम उनसे कभी नहीं मिले थे। लेकिन वे हमारी तरह ही हाँफ रही थीं। फिर लड़कियों के आने का ताँता लग गया। लड़कियाँ आतीं जातीं और बेंचों के आसपास खड़ी होती जातीं। हमने अब तक जाना ही नहीं था कि हमारे शहर में इतनी लड़कियाँ हैं! आज हम सब एक-दूसरे को देखकर हैरान थे। इतनी लड़कियाँ एक साथ बोल दें तो स्टेशन हिल सकता था! लड़कियाँ कुछ असमंजस में थीं।

तब निरुपमा दी ने ही चुप्पी तोड़ी, "तुम सब कहाँ थीं अब तक?"

इस पर लड़कियाँ तरह-तरह की बातें बताने लगीं।

बातें इतनी ज्यादा थीं कि आपस में गड्ड-मड्ड हो जाती थीं।

अबोले का इतना बोलना अजीब-सी रंगत लिये था।

तब निरुपमा दी ने सबको सुलझाने की कोशिश में कहा, "हमारी मंजिल तक कौन-सी ट्रेन जाएगी? कोई इनमें से जाएगी भी?"

इस पर पहले खुसुर-फुसुर, फिर कुछ तेज और अन्त में खुलकर बात होने लगी।

कहाँ जाएँ? कैसे जाएँ? किधर जाएँ? इसकी चर्चाएँ। जितने मुँह उतनी बात।

इस दुनिया की वह कौन-सी जगह थी, जहाँ सब जाना चाहते थे?

किसी ने कहा कि वह अभी बनी ही नहीं है।

किसी ने कहा कि मौका आया है, सब लोग आज मिल भी गए हैं तो चलो, कोशिश करके देखें।

एक ट्रेन पीछे के प्लेटफॉर्म पर खड़ी थी। एक अभी-अभी आगे वाले पर आकर रुकी। उनके चलने की घोषणा हो रही थी। हमारा कुछ तय नहीं हो पा रहा था। उसी समय पीछे से हाथों में लाठियाँ लिये, शोर मचाते आदमियों का एक रेला रेलवे स्टेशन में घुसता दिखा। निरुपमा दी सारी बातचीत में उदास

होती जाती थीं। अचानक उन्होंने सामने से दौड़कर आते अपने भाई को देखा। गहरी-सी उदासी के भीतर हल्की-सी मुस्कुराहट कौंध गई। उन्होंने हाथ ऊँचा करके भाई को अपना होना नहीं बताया। यह अपने-आप मान लिया कि स्टेशन पर लड़कियों की भारी संख्या के भीतर से भाई उन्हें जान लेगा।

यह भरोसा था। भरोसा एक दिन में तैयार नहीं हुआ था। इसमें बचपन से लेकर अब तक का समय भरा था।

कोई चाहे तो इस समय से टूटकर अपने को अलग कर सकता था या किसी और लाभ में समय को अपनी उम्र की स्लेट से पोंछ सकता था।

भाई नहीं पोंछ पाया था।

भाई दौड़कर आ रहा था।

दौड़कर आते हुए निरुपमा दी के होने को जान गया था या दौड़कर आने में निरुपमा दी का होना ही दौड़ का फोर्स था। उसने हाथ उठाया था। यह केवल निरुपमा दी के लिए नहीं था। यह दौड़ के पीछे के फोर्स का विस्तार था। उसने सभी लड़कियों की तरफ हाथ उठाया था। हाथ उठाने में एक तसल्ली कहीं बहुत भीतर गड़ी थी। सामने हड़बड़ी थी, जो दिखती थी।

इसी हड़बड़ी में उसने हाथ के इशारे से संकेत किया, जिसका अर्थ था—'जल्दी निकलो!'

हम अभी भी परेशान थे। निश्चय की स्थिति कुछ बनी नहीं थी।

भाई ने कहा, "समझते क्यों नहीं? युद्ध के लिए तैयार होकर आए हो क्या?"

हममें से कोई युद्ध के लिए तैयार होकर नहीं आया था। तब हमें अपनी गलती समझ में आई।

"हम एक-दूसरे को जानते ही कहाँ थे?" किसी ने चिल्लाकर कहा।

"अब जान गए न!" भाई ने भी चिल्लाकर कहा।

"तो अब तो समय नहीं है।"

"हम ऐसा युद्ध चाहते भी नहीं।" किसी ने जोर देकर कहा।

"समय गवाँ देने की बात में अभी मत पड़ो।"

भाई ने सबका झोला उठाकर ट्रेन में चढ़ाना शुरू कर दिया। निरुपमा दी अपनी उदासी में से हड़बड़ाकर निकलीं और 'ट्रेन में चढ़ लो' वाले अन्दाज

में हाथ से सबको इशारा करती सामने की ट्रेन में घुस गईं। जिसके सामने जो बोगी पड़ी, वह उसी में घुस गया। कुछ इधर के ट्रेन में चढ़ गईं, कुछ उधर की ट्रेन में। हम पाँचों जन घबड़ाकर अलग-अलग बोगियों में घुस गए। स्टेशन पर बिखरा हमारा सारा का सारा सामान ट्रेन में डाल देने तक ट्रेन चल पड़ी। पीछे की आवाजें नजदीक आने लगीं। भाई स्टेशन पर छूटने लगा। तब निरुपमा दी ने बहुत दुलराकर कहा, "चलो, तुम भी।"

भाई जैसे इसी एक बात को सुन लेना चाहता था।

वह मुस्कुराया। इतनी आफत में भी मुस्कुराया।

निरुपमा दी ने हाथ बढ़ाया था।

उसने भी तुरन्त हाथ बढ़ा दिया।

निरुपमा दी ने थोड़ा-सा झुककर उसका हाथ पकड़कर ऊपर ट्रेन में खींच लिया।

नजदीक आती आवाजें पीछे छूटने लगीं। तभी मुझे लगा कि किसी ने ट्रेन की जंजीर खींच दी है।

'कौन? कौन? किसने? किसने?' के स्वर गूँजने लगे।

निरुपमा दी और उनके भाई ने एक साथ चिल्लाकर कहा, "सावधान! भेदिया, भेदिया!"

अभी-अभी हम इतने सारे लोग थे और अभी-अभी छिटककर अकेले हो गए थे।

यही ख्वाब बार-बार आता था कि हम किसी एक जगह पर मिलने वाले हैं।

कत्थई नीली धारियों वाली कमीज

एक ही मन के भीतर कई–कई मन छिपे होते हैं, दिखते नहीं। हम जानते तक नहीं उनका होना! कितने कुछ का होना हम नहीं जानते! जो जान जाते हैं, उसे भी कहाँ जानते हैं! कह लें कि कितना जानते हैं? यह तो मन की बात थी। वह सौ पर्दों में छिपा लगता था, तो एकदम साफ सामने भी लगता था। उसे जान–जानकर भी नहीं जानते थे! जब पकड़ते भी तो एक को पकड़ पाते, उसे ही पूरा मान लेते! लेकिन न जाने कहाँ से उस वक्त एक दूसरा ही रूप नमूदार होकर चौंका देता, जबकि लग रहा होता कि मन टूट–फूटकर ध्वस्त, धूमिल हो चुका है और अब कभी भी, कत्तई कोई फुनगी यहाँ नहीं फूटनेवाली।

तभी, बिल्कुल तभी वह एक दूसरा किसी ओझल दरवाजे की फाँक से झाँक–झाँककर मुस्करा उठता है। उसी फाँक से एक हल्की–सी रोशनी चली आती है। सहसा झपटकर एक मन उसे उठा लेता है।

एक मन समझाता है, एक मन रोकता है, तो दूसरा तोड़–फोड़ देना चाहता है, फ्रेम में अनफिट, निकल भागना चाहता है उन्मुक्त आकाश में!

एक मनमयूर नाचता है तो दूसरा इसे निहारता किसी ऐसे वक्त की ताक में बैठा होता है जब एक करारी चोट मार सके—नृत्यभंग, लास खंडित, राग तोड़...एक तटबन्ध टूटता है...एक जलस्रोत सूखता है...

तभी बादल गरजते हैं तो मैं चौंककर खिड़की तरफ भागती हूँ। परदा हटाकर एक और मन से बादलों के बीच कुछ ढूँढ़ने लगती हूँ...''बरसो न जमकर, बरसो बरखा रानी...''

काले–काले बादल ऐसे उमड़कर चले आ रहे हैं...काश! मैं मोर होती, पंख फैलाकर नाचती...अपना दुपट्टा लहरा–लहराकर मैं कुछ हल्का–सा

थिरकती भी हूँ। कब से नहीं थिरकी थी! कहाँ दबी थी यह हुलस! मैं हाथ उठाकर बादलों से बतियाती हूँ, "बस, जरा रुक जाओ, बरखा रानी! मैं पहुँच तो जाऊँ उस तक, फिर, फिर जमकर बरसना। आया है तो जा न पाए। आ ही गया है तो।" फिर मैं यही गाना गुनगुनाने लगती हूँ, "मेरा प्रियतम, आया है वो जा न पाए... ।" बादलों से उठी चमक की एक लकीर जैसे आश्वस्त करती है। मेरी बात पहुँच चुकी है। सिगनल मिल गया है। अब और देर नहीं कर सकती मैं। एक बार जल्दी से अपने को आईने में देखती हूँ।

एक मन कहता है पहली बार अपने को देख रही हूँ।

पहले क्या करती थी आईने के सामने खड़े होकर!

देखते हुए नहीं देखती थी कुछ भी!

कई बार ऐसा होता है कि आप देखते हुए भी नहीं देखते कुछ भी!

कम से कम खुद को नहीं देखते।

खुद को देखना छोड़ते चले जाते हैं।

फिर तो भूल ही जाते हैं कि कभी खुद को देखा था!

कि कभी खुद से भी मिले थे!

कि कभी खुद से भी बतियाना मुमकिन हुआ था!

कि कभी खुद पर फिदा हो जाया करते थे!

कि खुद कैसे थे? यह याद न रहा!

खुद का खुदा न रहा, बाकी सब बचा रहा!

इसी बाकी बचे से निकलकर मैं फिर से खुद को देखती हूँ, तो वहाँ कोई पुराना मुझसे मिलने को विकल दिखता है। इतना विकल!

यह मैं। यह मेरा आप! मैंने आईने में हाथ बढ़ाकर उसे खींच लिया है।

खोया हुआ मेरा आधा हिस्सा कि आधा सच!

मैं अचानक एक बहुत-बहुत पूरेपन से भर आई हूँ।

आत्मविश्वास की एक रोशनी नहाई चमक मुझमें समाती हुई महसूस हुई है।

उसी में मगन मैंने जल्दी से अपने कमरे में ताला लगाया है और भरसक तेज कदमों से सड़क की तरफ भागी हूँ। कोई ऑटो रिक्शा मिल जाएगा, उम्मीद कमजोर नहीं पड़ती है।

एक ऑटो रिक्शा दिखता है तो दौड़कर उसे रोकती हूँ, हाथ उठाकर, थोड़ा चिल्लाकर रोकती हूँ। आगे निकल गया तो दूसरा पता नहीं कब तक मिलेगा! मिलेगा भी या नहीं? इसलिए एक मिल गए को खो देना सहा नहीं जा सकता था।

मेरे चिल्लाने, हड़बड़ाने और बहुत जरूरत दिखा देने के बाद भी ऑटोवाला तटस्थ बना रहता है, "सिटी पार्क तक नहीं जाएँगे मैडम, पानी पड़नेवाला है।"

'पानी पड़ना' कितना रूखा पद है! सावन के इस बरसात की सारी कोमलता को झूठा करता—ओह, मैं भी! सिर झटकती हूँ मैं।

"जरूरी है भइया, नहीं तो क्यों कोई इस भरी बदरी में निकले? पहुँचा देते, नहीं तो मैं यहीं फँस जाऊँगी। जब तक बरसेगा...आप लौट भी आएँगे और सिटी पार्क पर सवारियों की क्या कमी!"

'पानी पड़ना' 'उफ्फर पड़ने' जैसा हो गया है!

अपने फँसे रह जाने को मैं इतना बड़ा, इतना मार्मिक बना सकती थी, इसका ज्ञान भी मुझे अभी-अभी हुआ है!

मेरी विनती का या कुछ अतिरिक्त पैसे देने के प्रस्ताव का, जिसका भी असर हुआ कि रिक्शे वाला मान गया। मैं लपककर बैठी। सिंडैला भी क्या अपने परी रथ पर ऐसी जल्दीबाजी में बैठी होगी!

सिटी पार्क, इसी की बगल में वह कॉफी हाउस है, जो पहले एक निरीह रेस्तराँ हुआ करता था। बाद में उसे किसी ने खरीद लिया और अब यह एक भव्य और बहुराष्ट्रीय कम्पनी ब्रांड के कॉफी हाउस में बदल गया है। अब यहाँ आना स्टेटस की बात है। शहर में कहीं बैठना हो तो पार्क अब काम नहीं आते। वहाँ सफाई भी उतनी नहीं। ऐसे में, इस छोटे-से शहर में नए ब्रांड के इस रेस्तराँ ने चार चाँद जड़ दिए हैं। किसी को नहीं पता कि जो पुराना रेस्तराँ था, उसका मालिक कहाँ चला गया? कहानी जरूर तरह-तरह की शहर की जुबाँ पर दौड़ती चलती रहती है। कोई कहता है कि नए मालिक ने बड़ी जालसाजी से ये रेस्तराँ हथिया लिया है। नया मालिक कोई विदेशी आदमी थोड़े ही है! उसी पुरानेवाले का कोई दूर का नातेदार है। घर में घुसकर वार करने की कला के अनेक किस्से शहर ने नमक मिर्च लगाकर उसी नातेदार के साथ जोड़े हैं। जैसे कि उसने पुराने मालिक के गले में पत्थर बाँधकर राप्ती के जल में डुबो-

डुबोकर मारा था। या कि पुराने मालिक को बहला-फुसलाकर उसने बाम्बे जानेवाली बी.टी. ट्रेन में चढ़ाया और बड़े प्रेम से चाय पिलाई। चाय के साथ बिस्किट-नमकीन वगैरह की बात कोई कहता, कोई चाय पकौड़ा कह लेता, जो भी हो, चाय ही असली तत्त्व थी, तो उसी चाय में कोई नशीली चीज मिला दी गई। पुराना मालिक चाय पीकर बेहोश हो गया, फिर चलती ट्रेन में न जाने कब तक चला या जाने कहाँ उतरा या उतरा भी कि नहीं उतरा या कि अभी भी किसी ट्रेन में चला जा रहा है। कौन जाने! किस्से चाहे जितने भी प्रकार के प्रचलित हों, इस नए मालिक के आगे वे दबे ढँके ही हैं। शहर का कोई भी इस नए मालिक से बेअदबी नहीं करता, बल्कि उसके रेस्तराँ में पहुँचते ही बड़े हाव-भाव से मुस्कराता है, जैसे शहर की तरफ से उसे ही इस नए मालिक के स्वागत की जिम्मेदारी सौंपी गई हो। नया मालिक कुछ बोलता नहीं। आनेवाला अगर कोई खास होता तभी वह मुस्कराता, लेकिन पूरा नहीं, आधे से भी कम मुस्कराने में वह काम चला लेता। फिर हाथ के इशारे से काउंटर पर खड़े लड़के को बुला देता। और फिर! फिर क्या, वापस अपने पुराने 'मोड' में लौट जाता। अपने लैपटाप पर बड़ी शिद्दत से कुछ खोजता हुआ, बेहद जरूरी काम में उलझा सा...

किसी-किसी को तो यह सौभाग्यशाली अवसर भी नहीं मिलता और नए लड़के तो कई बार खुद ही भूल जाते कि यह वही मालिक है, जिससे जुड़े किस्से किसी रोमांचक जासूसी उपन्यास सरीखे शहर-भर में बिखरे हैं। वे सिर्फ कॉफी-बर्गर वगैरह की लिस्ट देखते, ऑर्डर करते और फिर दोस्तों, लड़कियों, मोबाइलों, टैबलेटों...में खो जाते।

खैर, तो मैं इसी पुराने को ध्वस्त करके बनाए गए नए शीशे के कॉफी हाउस में घुसी। हल्की-हल्की झींसी पड़ने लगी थी। ऑटो रिक्शा से उतरकर मैंने झींसी से अपना सिर बचाने के इरादे से अपना पर्स सिर के ऊपर रख लिया और लगभग दौड़नेवाली तेज गति से चलकर कॉफी हाउस की चन्द मिनटों की दूरी पार करके अन्दर घुसी। घुसते ही सिर का पर्स ठीक तरह से कन्धे पर टाँग लिया। लेकिन तुरन्त ही जान लिया कि मेरी ये हरकत किन्हीं आँखों से छिपी नहीं रह सकी है। कॉफी हाउस कोई बड़ा नहीं है कि अन्दर घुसनेवाले को किसी को खोजना पड़े। सामने ही वह बैठा था। मुस्कराता। एकदम पहले की तरह। उसकी आँखें पहले की तरह ही अपनी चंचलता को

छिपाते हुए चमक रही थीं। मैं झेंप गई। जानती हूँ कि अक्सर ऐसी अजीब हरकतें कर जाती हूँ कि खुद ही झेंपना पड़े। अभी बारिश को लेकर ऐसी दीवानगी उमड़ रही थी और ऑटो से उतरते ही जब झींसी से सीधी मुलाकात हुई तो झटपट बचने के तरीके पे उतर आई! अपना पर्स सिर पर ढँके हुए, ऐसे चमकते कॉफी हाउस में, उस अपने पुराने दोस्त श्रीपत से मिलने पहुँची हूँ।

"सो मिस्टर पैट, कैसे हैं?" मैंने अपनी झेंप को भरसक किनारे किया और उसकी चमकती आँखों का डटकर मुकाबला करने की कोशिश करने लगी।

बढ़े हुए हाथ अपने आप मिले और देर तक मिले रह गए।

गर्मजोशी! आत्मीयता! मिठास! पता नहीं क्या था!

फिर हम अपने आप आमने-सामने की कुर्सियों पर बैठ गए।

फिर हम मुस्कराने लगे।

सारे समय को पार करते हुए किसी पुराने समय की तरफ निकल पड़े हैं।

कौन कहता है कि पीछे लौटना मुश्किल होता है!

हम तो चन्द सेकेंड में वर्षों का फासला तय करके पीछे चले गए हैं!

चार वर्ष कोई इतना लम्बा वक्त भी नहीं!

शायद!

अभी नहीं लग रहा!

पर होता है।

होता ही है।

यह मैं जानती हूँ।

श्रीपत भी जानता होगा।

शायद!

शायद!!

हम दोस्तों ने उसे 'पैट' कहना शुरू किया था तो इसके पीछे भी एक दिलचस्प किस्सा जैसा ही था। श्रीपत एक बार विदेश गया तो उसके नाम को लेकर बड़ी दिक्कत हुई, नाम का अनुवाद हो गया। 'श्री' बन गया 'मिस्टर' और 'पत' बन गया 'पैट'। और इस तरह नया नाम मिला—'मिस्टर पैट'। फिर तो हर लेटर, कागज पर यही शब्द! श्रीपत ने हालाँकि इसे तत्काल ठीक करा लिया लेकिन दोस्तों के बीच यह किस्सा पहुँचने के बाद ठीक न हो सका। किसी ने चाहा भी नहीं।

बेठीक चीजें कई बार बड़ी आत्मीय हो उठती हैं।

फिर उनके बेठीकपने पर कौन जाता है!

सिर्फ शब्दों के भीतर की तासीर ही पकड़ में आती है।

फैलती जाती है।

ढँकती जाती है।

तासीर बढ़ती ही चली जाती है!

अनुवाद की होंगी अपनी दिक्कतें।

सब कुछ पूरी अन्तरंगता में दूसरी भाषा में न आ पाए तो न आए।

यह आना भी कोई कम आना नहीं लगा हम दोस्तों को।

सबने इसे श्रीपत के दुलार के नाम की तरह अपना लिया और अब तो यही पहले मुँह पर आता है। इतना अनायास मुँह से निकल जाता कि दिमाग को सोचने की कोई जरूरत ही नहीं रह जाती। थैंक गॉड!

यह सुन्दर बात जैसी बात थी।

मन को जो भाए अपने आप सुन्दर हो जाता है।

यह भी सुन्दर हो गया।

श्रीपत के लिए हुआ।

शायद!!!

मेरे लिए तो हुआ!

निश्चित ही हुआ।

"सच में, साहित्य की कत्ल की हुई हो तुम! चली गई अपनी सोचने की दुनिया में!"

"नहीं रे!" मैं फिर थोड़ा-सा झेंपी हूँ।

सच था, मैं साहित्य से होते हुए भाषा के विज्ञान में धँसी थी। फिर भाषा को कम्प्यूटर में उतारने के अपने लम्बे प्रोजेक्ट के सिलसिले में विज्ञान और टेक्नालॉजी के लोगों से जुड़ी थी। यह तीन महीने की वर्कशाप भुवनेश्वर में थी। धीरे-धीरे सब आपस में खूब घुलमिल गए थे। इसी में श्रीपत भी था। अपने ज्ञान-विज्ञान का कुछ ज्यादा प्रदर्शन करता। पहली नजर में किसी को भी घमंडी लग जाए। मुझे भी लगा। कई दिन तक तो सिर्फ इसलिए मैं उससे बोलने से कतराती रही। वह भी झिझकता रहा। बाद में समझ में आया कि वह लड़कियों से बतियाने में हमेशा झिझकता था। बचपन से ही लड़कियाँ उसके

जीवन से एक खास दूरी पर रही थीं, बड़े होने पर भी हालत कुछ खास नहीं बदली थी, इसलिए उसे, उनसे घुल-मिल जाने का कोई अभ्यास नहीं बन सका। ऐसा तो हमारे हिन्दुस्तान में ज्यादातर अब भी था कि लड़कियाँ, लड़कों के लिए रहस्यमयी बनी हुई थीं और लड़के, लड़कियों के लिए डर पैदा करने-वाले छिपे बदमाश।

वह हँसा। एक झिझकती-सी खुल पड़ने को बेताब हँसी।

पुराना, बहुत पुराना गुलमोहर का पेड़ फूलों से भर गया।

"तो तुम्हें याद है!"

"भूलने की बात थी क्या?"

"हूँ..."

वह कुछ-कुछ संजीदा हो उठा। लेकिन पल-भर को ही। मुझे उसका इस तरह जरा-सा संजीदा हो उठना भाया है। पहले भी भाता था। शायद उसका झिझकते हुए हँसना ज्यादा भाता था या बतियाते हुए संजीदा हो उठना या शायद दोनों ही।

"तुम्हारा मेल आईडी वही पुराना था, वरना तुम्हें ढूँढ़ना भी मुश्किल होता।"

"हूँ...मैं तो चौंक ही गई थी इतने वर्षों बाद तुम्हारा मेल देखकर। ये अचानक तुम्हें मिलने की क्या सूझी? वह भी यहाँ आकर।"

'यहाँ आकर मिलने' से मतलब था—बड़े शहर से इतने छोटे क़स्बेनुमा शहर में प्रयत्नपूर्वक आना! यह प्रयत्न हैरानी में डालनेवाला था। कौन आता है बड़े शहर से चलकर एक इतने छोटे कस्बेनुमा शहर में एक पुराने साथी से मिलने!

यह मिलना बेवजह तो नहीं हो सकता!

श्रीपत क्या ऐसा भावुक आदमी है?

"कोई काम था यहाँ?"

"मतलब कोई बड़ी फर्म, कम्पनी वगैरह तो है नहीं, फिर क्या कोई रिश्तेदार..."

मैंने बार-बार पूछा था।

हर बार वह मुस्कराता और धीरे से कहता, "गजब हो! मान ही नहीं रही।"

मैंने यकीन न करने के बावजूद यकीन ही किया कि वह मुझसे और सिर्फ मुझसे मिलने चला आया है। अच्छा लगने लगा। मैं श्रीपत को बड़े अपनेपन से निहारने लगी। पिछले धुँधला गए प्रेम की लौ भक-भक जलने के लिए मचल उठी। मैं थी कि उसे चेहरे पर आने नहीं देती थी। भाव को छिपाने के कौशल में मैं कोई निपुणता नहीं हासिल किए हुए थी इसलिए रह-रहकर कोई भाव बाहर तक चला आता था, तो मैं कुछ कर भी नहीं सकती थी।

भाव को छिपाकर कुछ और होकर दिखना एक जबरदस्त कला थी।

शायद श्रीपत भी किन्हीं भावों से भर रहा था। रह-रहकर उसका चेहरा संकोच और किसी सोच से लाल हो उठता था। तो क्या वह भी किसी भाव पर विजय पाने की कोशिश में भीतर ही भीतर टकरा रहा है!

क्या यह प्रेम था! क्या यह बचा चला आया था!

या शायद मैं ही ऐसा सोचे जा रही थी। प्रेम में अक्सर ही आदमी अपने मनोभावों को दूसरे पर आरोपित करके उसे अपने मनोनुकूल देखने लगता है। उसके शब्दों के पाठ अपने मन के हिसाब से करने लगता है। चाहे बोलने वाला कुछ चालाकियाँ ही क्यों न बरत रहा हो। मैं भी इस वक्त चाहने लगी थी कि श्रीपत जो कुछ भी बोले वह पिछले की सुन्दरता से बना जुड़ा हो, न कि पिछले के कुछ टूट गए दुख-तकलीफ से उजाड़ होता...

''मेरे जीजा जी यहाँ बाढ़ का मुआयना करनेवाले दल के साथ आए हैं तो उन्हीं के पीछे लगकर मैं भी चला आया। इतना खूबसूरत शहर है और तुमसे मिलने का यह मौका, कौन गँवाना चाहेगा यार!''

''ओह!'' मैं अपनेपन से निहारनेवाली अदा से निकल आई। लेकिन फिर भी 'मुझसे मिलने चले आना' एक सत्य था, जो मुझे अभिभूत किए जा रहा था। मैं इस छोटे-से शहर में एक छोटी-सी बच्चों की संस्था के साथ काम कर रही थी। न पैसा था न पोजिशन। लेकिन सन्तोष था जो मेरे लिए बहुत मायने रखता था। मैं यह सन्तोष धन उसके आगे बिखरा देना चाहती थी।

''मनीष से बात होती है?'' श्रीपत पूछ रहा था।

''हाँ, हाँ!'' मैंने जल्दी से कहा।

मनीष हमारे उसी प्रोजेक्ट ग्रुप का साथी था। दो तीन को छोड़कर उस ग्रुप के बाकी सभी साथी मेल, सोशल साइट्स आदि के जरिए सम्पर्क में थे। कभी-कभार सबकी खबर मिल जाया करती थी। कौन शादी कर रहा है? किसके

बच्चा हुआ? कौन कहाँ-कहाँ है? आदि-आदि। केवल दो तीन थे जो पेड़ से टूटे पत्ते की तरह विलग हो गए थे। इन्हीं विलग हुओं में श्रीपत भी था।

तो हम मनीष को याद करने लगे। फिर प्रोजेक्ट के दिनों को याद करने लगे। अमीना नाम की एक महिला आखिरी दिनों में हम में आकर मिल गई थीं। उनकी भी बात चल पड़ी।

"कितना मुश्किल होता था उनके लिए। बच्चों को कैसे क्रेच में छोड़कर आती थीं!" मुझे उनका मुश्किलों से तना चेहरा याद आया।

"मुझे तो बहुत खराब लगता था। क्या जरूरत है औरतों को, इस हद तक नौकरी करने की?"

"यह तो तुम पुरानी बात कह रहे हो। औरतों को भी बाहर की दुनिया चाहिए। वे तो इंजीनियर थीं।" मुझे श्रीपत का यह विचार अच्छा नहीं लगा।

"बच्चे को रुलाकर, क्रेच में डालकर। मुझे यह नहीं पसन्द। उनका पति अच्छा-भला कमाता था।" श्रीपत ने अपनी नापसन्दगी खुलकर कह दी।

"बच्चे के बड़े होने तक नौकरी उनके लिए रुकी तो न रहेगी। पति कमाता है तो क्या हुआ? औरत की अपनी काबिलियत की भी जगह होनी चाहिए। पति को भी तो मदद करनी चाहिए बच्चे पालने में। पति की नौकरी इतनी जरूरी और औरत की नौकरी ढेला-माटी!"

बात कड़ुआहट की तरफ जाने लगी थी। कुछ देर पहले बनी प्रेम की सारी कोमलता जाने कहाँ तितर-बितर हो उठी थी। उसने ही पहले इसे समेटने की कोशिश की। पुरुषों को स्त्री के साथ बैठकर बितानेवाले क्षणों में कुछ भी कड़ुआहट नहीं चाहिए। यह उनके मनोरंजन का समय है शायद! यह मैं अब सोच रही हूँ। पहले सोचती थी कि ऐसा करना भी प्रेम है कि कोई बाहरी तत्त्व इस दायरे में न आने पाए। लेकिन तब भी यह कचोटता था कि यह क्या, स्त्री दुनिया-जहान की बात कर ही न पाए! यह कैसा प्रेम! कि स्त्री दुनिया बाहर रखकर, बस, एक तय की गई स्त्री रूपा बनकर ही अपने प्रेमी से बतियाए फिर बातें कितनी कम, कितनी सीमित होंगी, और कुछ दिनों में कितना बोरिंग हो जाएगा ऐसा साथ!

"इसी रेस्तराँ में हमने कॉफी पी थी, याद है?"

उसने सारे दुनिया-जहान के मसले किनारे पटके और मुस्कराया। चलो, यह भी अच्छा है कि उसे कुछ पुरानी बातें याद हैं।

"हाँ, तब यह कैसा होता था और अब देखो।" मैंने हँसकर कहा।

"लाओ, अपनी हथेली दिखाओ, रेखाएँ देखना मुझे सचमुच आ गया है।" उसने मजे में कहा।

"पुराना फार्मूला है जनाब। न तब चला था न अब चलेगा।" मैंने नहले पर दहला मारते हुए कहा। फिर हम दोनों हँस पड़े।

"मैंने प्रपोज किया था, यह तो याद है न?" उसने आँखों में शरारत भर कर कहा।

"हाँ, कैसे रूखे ढंग से कहा था, जैसे किसी प्रोजेक्ट की फाइनल रिपोर्ट माँग रहे थे! कितनी देर तक तो मुझे समझ में ही नहीं आया था।"

"ओह, तो बिना समझे ही समय लेने की बात कर दी थी।" उसने फिर शरारत से कहा और मेज के बीचोबीच पड़ी मेरी हथेली अपने हाथ में ले ली। जैसे उसे यकीन था कि अब उसका अधिकार बन चुका है।

"तभी तुम जरा-सा न रुके थे। यहाँ से जाते ही शादी कर ली? असल में तुम्हारी शादी पहले से तय रही होगी और तुम यूँ ही मुझे भरमा रहे थे।" मैंने हाथ छुड़ाने की कोई कोशिश नहीं की। वह हथेली की रेखाएँ पढ़ने की कोशिश कर रहा था। कोई भविष्य वहाँ था क्या! क्या जाने! जाने कौन-सी उम्मीद मुझे भी रही ही होगी!

"तुम्हें मनीष ने नहीं बताया मेरे साथ क्या-क्या हुआ?" उसने हथेली छोड़ दी।

"बताया था। मुझे अफसोस हुआ सुनकर। सिर्फ छः महीने चली तुम्हारी शादी।" मैं एक हमदर्द परिचित में बदल गई।

"क्या कह रही हो? सिर्फ तीस दिन। सिर्फ तीस दिन खिंचा यह रिश्ता। घरवालों की मर्जी थी, तो करनी पड़ी शादी। मेरी मर्जी नहीं थी। मैंने मना भी किया था। पर यू नो, वही, इमोशनल ब्लैक मेलिंग। बड़ा मुश्किल कर देते हैं घरवाले।"

वह रुककर कुछ सोचने लगा। फिर अपने पुराने दार्शनिक अन्दाज में लौटता हुआ बोला, "और कुछ बताया था?"

शायद उसे लग रहा होगा कि मनीष ने उसे किसी खलनायक की तरह मेरे सामने प्रस्तुत कर दिया होगा। जबकि अपनी नजरों में वह एक धोखा खाया आदमी था।

"मेरे साथ हमेशा गलत ही हुआ है, शुचि!" उसने गहरी साँस लेकर कहा।

एक तो उसे लग रहा था कि उसके दुख का जैसा गहरा असर मेरे ऊपर होना चाहिए था, नहीं हो रहा था। ऊपर से मैं हमदर्द परिचित की भाषा में समझाने की तरफ आ गई थी।

"कभी-कभी एडजस्टमेंट में दिक्कत आ जाती है। मेरे ख्याल में थोड़ा और वक्त लेना चाहिए था।"

मेरी इस बात पर वह घायल किंतु हारे शेर की तरह बिना दहाड़े दुखी स्वर में बिगड़ने लगा, "तुम भी मेरा दर्द नहीं समझना चाहतीं। मुझे दोषी समझ रही हो! मैंने भी सोचा था कि पढ़ी-लिखी लड़की थी, कॉलेज में पढ़ाती भी थी, एक अच्छी पत्नी बन सकती थी, लेकिन नहीं हुआ। अच्छी पत्नी बनने की कोई काबिलियत उसमें थी ही नहीं!"

वह चाहता था कि मैं उसे एक दुखी व्यक्ति मानूँ। लेकिन मैं उसके दुख से कुछ तटस्थ-सी महसूस कर रही थी, पता नहीं क्यों? वह मुझसे जुड़ता नहीं था, वही, उसका दुख!

वह उदास आँखों से कुछ देर मेरी तरफ देखता रहा, फिर कहने लगा, "तुम अपने को देखो, कोई बड़ी नौकरी ले सकती थी, पैसों की दौड़ में पड़ सकती थी, लेकिन नहीं, तुम बच्चों की एक संस्था में काम कर रही हो। बच्चों के बीच अपने जीवन को कितने मर्यादित ढंग से चला रही हो। मुझे कितना अच्छा लगा यह जान कर। इसीलिए मैं तुम्हें इतना पसन्द करता हूँ। तुम आज भी वही स्त्री हो, जो मेरी पत्नी बनने की योग्यता रखती है। इस बार तो हाँ कर दो।"

मैं उसकी ओर हत्प्रभ देखती रही। क्या कहे जा रहा था वह! मेरी नौकरी मेरा चुनाव थी जरूर, लेकिन इसके पीछे सिर्फ यह भावना नहीं थी कि मैं अपने मातृत्व के गुण को भरपूर जीना चाहती थी। यह बस मिल गई थी और एक प्रयोग की तरह के उत्साह से भरकर मैं यहाँ चली आई थी। यह काम मुझे रुचने लगा था और साथ काम करनेवाले लोग भी अच्छे थे, पैसा भी ठीक-ठाक था। इसी के साथ मेरा एक सपना भी जुड़ा था। मैं हमेशा एक छोटे-से पहाड़ी शहर में रहना चाहती थी। जीवन की आपाधापी और शोर से दूर इसका सौन्दर्य मुझे प्रिय था। यह सब इस नौकरी से पूरा होता था। और श्रीपत को

देखो, वह मुझे औरत की निपट रूढ़ छवि में देख लेना चाहता था। तिस पर उसे मुझमें एक अच्छी पत्नी यानी की एक रूढ़ चरित्र बनने की योग्यता भी दिखाई पड़ रही थी। हमारी पुरानी बातें सचमुच बहुत पीछे छूट गई थीं। पता नहीं कितने पीछे!

''ऐसा नहीं है। मुझे यह शहर भा गया। बस, टिक गई।'' मैंने कोशिश-भर कहा।

मेरी यह कोशिश बेकार गई। वह दृढ़ता से अपने विचार के साथ था।

''मुझे अच्छा लग रहा है कि तुमने एक साफ-सुथरी आसान जिन्दगी चुनी है। शुचि, मैं फिर से तुम्हें प्रपोज करने आया हूँ।''

मुझे हँसी आ गई। हालाँकि यह कोई हँसने की बात नहीं थी। अक्सर ही मैं गलत वक्त पर हँस देती हूँ, किसी का मजाक उड़ाने के लिए नहीं, बल्कि अपना गुस्सा, दुख और कई बार खिसियाहट छिपाने के लिए भी।

वह संजीदा हो उठा। एकदम पहले की तरह।

''मैं बदला नहीं हूँ। क्या तुम्हें कुछ याद नहीं! कैसी हो गई हो तुम!''

अचानक मेरी हँसी रुक गई। मैं उसके संजीदा चेहरे से कुछ बेचैन भी हो उठी। मुझे सब याद आ रहा था। उसके साथ देर रात तक टहलते रहना, यूँ ही चलते रहना, चलते-चलते कितनी ही दूर निकल जाना, फिर याद आना कि कहाँ चले जा रहे हैं, फिर वापस लौटना...पूरे प्रोजेक्ट ग्रुप का पहाड़ घूमने की योजना बनाना और घूमते हुए इस छोटे-से शहर में रुकना...सारे दिन झील, झरने घूमते रहे थे हम और आखिर में कैसे हमने यानी मैंने और श्रीपत ने अपने लिए सबसे चुराकर एक एकांत चुना था, यही कॉफी हाउस, जो उन दिनों एक अलग ही रंगत लिए हुए था। मैं पहले पहुँच गई थी और इन्तजार में बैठी थी कि श्रीपत हड़बड़ाते हुए आया था। तब भी हल्की हल्की झींसी पड़ रही थी। मौसम आज की तरह ही बेतरह खुशगवार बना हुआ था। श्रीपत अन्दर घुसा तो हल्का-हल्का भीगा हुआ था और हल्का-हल्का शरमा भी रहा था। उसका ऐसा शरमाना पहले कभी नहीं था। यह एक सुन्दर झिझकना था। उसने कत्थई नीली धारियों वाली वही कमीज पहन रखी थी, जो उस पर बहुत खिलती थी। जब भी वह इसे पहनता, मैं तारीफ किए बिना न रहती। यह मुझे भी बहुत पसन्द आती थी। तो इस कमीज में वह खिला-खिला, हल्का भीगा, कुछ झिझकता मेरे सामने आ गया था।

''हूँ तो ये वाली शर्ट!'' मैंने उसे छेड़ा है।

''पता है रात में इसे धोकर कितने जतन से सुखाया है। मौसम कैसा है। सूख सकता था? प्रेस मार-मार कर सुखाया, आज के दिन के लिए। और देखो, फिर भीग गई।'' उसने जल्दी-जल्दी बता दिया।

क्या सारे कपड़े ही भीगे थे? वाले अन्दाज में मैंने उसे देखा था।

''मैं जान-बूझकर यही शर्ट पहनकर आना चाहता था आज। तुम्हें बहुत पसन्द है न। इसीलिए। तुम्हें प्रपोज करते समय यही शर्ट होनी चाहिए। याद रखना।''

मुझे कत्थई नीली धारियों वाली कमीज पहने श्रीपत नजर आने लगा। 'याद रखना' मेरे कानों में गूँजने लगा।

''तुम्हारी वह कमीज कत्थई नीली धारियों वाली?'' मैं सपनों के बीच खड़ी पूछ रही थी।

''कौन सी?'' श्रीपत ने हैरानी से कहा।

''वही, कत्थई नीली धारियों वाली।'' फिर वह छुअन याद आई, उस कमीज की छुअन, उसकी कत्थई, फिर नीली, फिर कत्थई धारियों की छुअन।

''वही, जिसे तुमने रात में धोकर सुखाया था, गीली कमीज को प्रेस कर-करके सुखाया था।''

''क्या यार, तुम भी! कमीज पर अटक गई! अरे, तब से कितनी कमीजें आ-जा चुकी हैं।''

वह हँसने लगा।

''नहीं, मैं सिर्फ उसी कमीज की बात कर रही हूँ।''

''जैसी कहो, वैसी ले लेंगे। कमीज का क्या है? जितनी चाहिए उतनी लो। तुम्हें पता होना चाहिए कि अब मैं कितना कमाता हूँ।'' यह कहते हुए उसका चेहरा गर्व और अभिमान से दमक रहा था।

''तुमने उसे सँभाल के नहीं रखा?'' मैं अपनी झक से बाहर अभी भी नहीं थी।

''कूलडाउन यार, कूलडाउन!''

हाँ, मुझे कूलडाउन होना चाहिए।

क्या मैं कमीज की बात कर रही थी?

क्या मेरी बात श्रीपत की बात से इतनी दूर हो चुकी थी?

हाँ, मुझे अपने को कूलडाउन करना होगा।

मैं कूलडाउन की स्थिति में आ गई। फिर उठकर खड़ी हो गई।

मेरा इस तरह उठकर खड़ा होना श्रीपत की उम्मीद के खिलाफ था। वह बेचैन हो उठा।

''बैठो, बैठो न।''

मैं फिर भी नहीं बैठ सकी।

''तुम्हें समय चाहिए न। मैं सोच कर आया था, तुम्हें समय चाहिए होगा तो मैं समय दूँगा। पन्द्रह दिन, एक महीना, कितना वक्त चाहिए तुम्हें?'' वह लगभग मेरा हाथ पकड़कर मुझे बैठा देना चाहता था।

''नहीं, मुझे कोई समय नहीं चाहिए।''

मैंने अब जाकर बाहर देखा। उस बरसात को तो मैं भूल ही चुकी थी, जो आते समय मुझे उल्लास से घेरे हुए थी और इस चिन्ता से भी कि तेज बारिश में फँस न जाऊँ। वह बारिश, जो कब की उमड़-घुमड़कर बरस चुकी थी। अब ऐसे रुक गई थी, जैसे पहले कभी थी ही नहीं! मौसम भीगकर एकदम खुशगवार हो चुका था। भीगा और शान्तचित्त। हम उसी भाव को दुबारा एकदम वैसा पा लेने की जिद नहीं कर सकते। मैंने सोचा और अपना पर्स कन्धे पर लटकाकर बाहर निकल गई। जाने के पहले मैंने एक बार मुड़कर धीरे से कहा, ''बॉय!''

चीन्हा-अनचीन्हा

जब मैं उठी थी। ऐसा लगा था जैसे एक गहरी और लम्बी नींद सोकर उठी हूँ और जैसे ही मैंने आँख खोली थी, भक्क से अँधेरे में बन्द हीरे-जवाहरात के पिटारे के खुलकर बिखर जाने की तरह दुनिया मेरे आगे खुलकर बिखर गई थी। कुछ-कुछ कभी की देखी-जानी-सी लग रही थी। सामने दिख रही दो कुर्सियाँ एकदम पहचानी हुई कुर्सियाँ थीं। लेकिन इतनी नई थीं कि भ्रम होता था कि ये सिर्फ अपने आकार-प्रकार में मेरी स्मृति के किसी कोने में अटकी रह गई होंगी और ये जो सामने थीं, जरूर दूसरी होंगी। इन दूसरी कुर्सियों में एक अलग अचीन्हेपन की गमक थी। पहचान, चाहे जितनी बीत गई हो, उसमें कुछ ऐसा बचा होता है जो सामने न दीखकर भी हमें अपने से जोड़े रहता है। यह जुड़ाव इस नई दुनिया में कभी लगता था तो कभी नहीं लगता था। इस तरह लगने, न लगने के बीच भी एक असमंजस था। लगने के पीछे अपने होने को झुठलाने से बचना भी था और न लगने के पीछे यही अनचीन्हापन था। ये पर्दे भी, हालाँकि ऐसे फूलोंवाले पर्दे कोई अनोखे नहीं होंगे, देखे से लगते हुए भी अचीन्हेपन से गमक रहे थे। ऐसे ही अचीन्हेपन से गमकती, कभी की देखी डॉक्टर मेरी तरफ बढ़ी आ रही थीं। न जाने कौन-सी हवा में तैरती वह मेरी तरफ बढ़ती हुई भी मुझ तक आने में इतना वक्त ले रही थीं! आतीं तो उनसे मैं जरूर पूछती कि क्या मैं और तुम किसी और दुनिया में कभी मिले थे? ऐसी ही, इससे मिलती-जुलती या शायद एक बीत गए समय में एक-दूसरे के निकट आने की कोशिश में हमने एक-दूसरे को बिना जाने ही पार कर लिया था? क्या पता! मैं उनके निकट आने की प्रतीक्षा में मर रही हूँ। मैं मर रही हूँ और वक्त अड़ा खड़ा है! न बीतने जैसा! बीतता हुआ!

'उठकर खुद ही दौड़ पड़ूँ' यह दूसरा खयाल आया था। उठने की कोशिश किया तो दर्द ने पसीने छुड़ा दिए। हिला तक न गया। पैर उठाए नहीं जा रहे थे। हाथ हिल नहीं रहे थे। चेहरा घुमाते नहीं बन रहा। यह क्या हुआ था मुझे? मुझसे मेरा दौड़ना ऐसे अलग कैसे हो गया था? या कि मैं अब इस सामने खुली हुई दुनिया के पार हूँ। इस दुनिया की स्मृतियों में। मेरी स्मृतियों से नहीं बनी है यह दुनिया! तो क्या मैं हूँ ही नहीं इस पृथ्वी पर! क्या मेरी आत्मा है जो इस तरह चकित भाव से इस दुनिया को निहार रही है? क्या इस बिस्तर पर ही मेरे प्राण निकले थे या कि इस बिस्तर पर पड़े रहने के समय में ही मेरी आत्मा विश्व-भ्रमण पर निकल पड़ी थी। अकेले! पार्वती की तरह अपनी दुनिया को जानने-समझने! कोई शिव नहीं हैं साथ कि उनसे बतियाने का एक सुख भी लहकता-चहकता साथ हो लेता! पृथ्वीवासी स्त्री का जीवन, अकेले ही दुनिया जान लेने का उपक्रम करना होगा। अकेले ही! यहाँ से कहाँ के लिए प्रस्थान होगा मेरा! किसानों के घरों की तरफ, खेतों की तरफ या कि पहले मजदूर बस्तियों की तरफ निकल जाऊँगी? पता नहीं पहले पार्वती किधर गई थीं? याद नहीं आ रहा। मुझे उनसे भी अलग अपना एक प्रस्थानबिन्दु चुनना होगा। सबसे अलग अपना एक प्रस्थानबिन्दु।...पता नहीं कोई मुझे कहीं पहचान लेगा भी कि ऐसे ही सब हरदम अजनबीपन से लिपटा मिलेगा!...

न जाने क्या-क्या खयाल उठ रहे हैं। मन बड़ा बेचैन है। मैंने अपने को टटोलकर देखने की कोशिश की है। हाथ दर्द के साथ उठा है। हथेलियों पर कुछ लगा है। निगाह नीचे करके बिना हिले देखा है। लाल पदार्थ जमा हुआ है। खून है शायद। डिटॉल की हल्की-सी गन्ध आई है। यह क्या चोट है! नींद है, मृत्यु है, चोट है, क्या बला है! बड़ा कनफ्यूजन है!

तभी अचानक डॉक्टर का आना खत्म हो गया और अचानक ही वे मुझ पर झुक गईं। धीरे से उन्होंने मेरे चेहरे को हिलाया। फिर बाँह उठाकर नब्ज देखने लगीं। उनका चेहरा गोरा-गोरा-सा था —उनकी कोट से एकदम घुला-मिला—बहुत निर्मल, बहुत ठंडा।

"होश आ गया है। डॉक्टर कल्हण के हॉस्पिटल में ले जाइए।" उन्होंने किसी और दिशा की तरफ देखकर कहा।

मैं और हैरान हो उठी। तब पूरा बल लगाकर मैंने पूछा, "मैं किस जगह हूँ? कुछ ठीक से समझ नहीं आ रहा..."

उन्होंने मुझे रोक दिया, "ठीक हैं अब आप। चिन्ता की कोई बात नहीं है। धीरे से उठने की कोशिश करिए। पैर बच गया। सिर का स्कैन कराना ठीक रहेगा। डॉक्टर कल्हण के यहाँ सब हो जाएगा।"

मैं इस कभी की देखी दुनिया में अचानक डाल दी गई थी। बड़े असमंजस में मैंने अपने को उठाया। पहचानने की तमाम कोशिशों की विफलता में मैं हैरान रह गई कि जिस बेड पर मैं सोई थी, वह किसी डॉक्टर के चैम्बर के भीतर के स्ट्रैचर जैसा था, बगल में बना मरीजों के जाँच का बेड। तो मैं अपने बिस्तर पर एक लम्बी और गहरी नींद लेकर नहीं उठी थी? पर मैं इस जगह आई ही क्यों? क्या पड़ गया ऐसा? मैं बीमार किस तरह हो गई? और यह कमरा, जिसमें मैं लम्बी और गहरी नींद में सोई थी, इतना छोटा था, कहीं कोई खुली जगह ही नहीं थी, इतना ठसमठस्स, इतना बोझिल, दस बाई दस का बेहद सँकरा कमरा, इसी में डॉक्टर को मुझ तक आने में इतना चलना पड़ा? या कि सिर्फ मैं ऐसा देख रही थी! कोई और मेरी तरह नहीं देख रहा था! क्या मैं एक नई तरह देखना जान गई हूँ! क्या मुझे यह बात बता देनी चाहिए?

"आप अपने घर का फोन नम्बर बता पाएँगी?" डॉक्टर मुझे थपथपाकर पूछ रही थीं।

कौन-सा घर! मुझे जरा भी याद नहीं आ रहा है। क्या मैं अपने घर से यहाँ, इस अजनबी शहर में, यहाँ, इस अजनबी डॉक्टर के यहाँ छोड़ दी गई हूँ!

"कोई बात नहीं। थोड़ी देर में साफ हो जाएगा। अभी थोड़ा असर है। आप बेहोश हो गई थीं। जाइए, देर मत करिए।"

मैंने डॉक्टर की तरफ उसी अजनबियत से देखा। मन हुआ कि रो पड़ूँ। ऐसा भी क्या हुआ कि मेरे बेहोश होने की नौबत आ गई! कौन-सा ऐसा पाप हुआ मुझसे कि मुझे अपने घर से यहाँ आना पड़ा? कब से यहाँ पड़ी हूँ मैं? मैंने अपने शरीर को हिलाया और बड़ी दुविधा में, बड़ी तकलीफ से हाथ-पैरों से काम लेती, आँखें फाड़े डॉक्टर का हाथ पकड़कर उस बेड से उतर गई।

"मैं हूँ कहाँ? कैसे? कब से?" यह पूछते ही लगा कि कितना व्यर्थ है यह प्रश्न। पता नहीं कब का सुना यह वाक्य मेरे मुँह से अनायास बह गया था।

"ये चाभी।" अचानक दो लड़के अन्दर आए और आकर मेरी तरफ एक चाभी बढ़ाई।

चाभी मैंने बिना सोचे ले ली। यह इतनी परिचित चाभी थी कि कुछ सोचना ही नहीं पड़ा।

"आपके पास कैसे आई?" मैंने अचीन्हे लड़कों को ध्यान से देखा।

"सब सुरक्षित है जी। आप चल लोगे?" एक लड़के ने आगे बढ़कर मुझे कन्धे से सँभाला, दूसरे ने डॉक्टर को पैसा देने के लिए हाथ बढ़ाया।

लड़के ने अपने कन्धे पर जो पर्स टाँगा था, उसकी तरफ अनायास मैंने हाथ बढ़ा दिया। लड़के की आँखों में एकदम चमक आई। उसने बिना कुछ कहे पर्स मुझे दे दिया। यह मेरा था। इतना परिचित था पर्स। इसे मैं बिना बताए अपना कह देना चाहती थी। फिर भी मैं इसे एकदम अपना कह देने में हिचकिचा गई थी।

'आपके पास कैसे?' इतना भी पहले की तरह नहीं कह पाई थी। लड़के ने बिना कुछ बोले पकड़ाया तो बिना कुछ कहे मैंने तुरन्त अपने कन्धे पर टाँग लिया। बाँह में दर्द के बावजूद। जैसे वर्षों बाद कोई अपनी चीज मिली हो, किसी पुराने साथी से भेंट की तरह, इतनी प्रिय, इतनी अपनी। इस दुनिया में यह पहली चीज थी जो इस कदर अपनी लगी थी। मैं उसे खोलकर देख लेना चाहती थी। पता नहीं क्या! मेरी निहायत अपनी चीजें इसके भीतर खदबदा रही थीं। मैं उन्हें जान लेने की इच्छा को रोक नहीं पा रही थी। इतनी तकलीफ के बावजूद।

"इसे हमने छुआ तक नहीं। फिर भी आप देख लीजिए।" लड़कों ने मेरा उपक्रम देखकर कहा।

मैं सकपका गई। मैंने इस तरह सोचा तक नहीं था। बल्कि एक बहुत छोटे पल में तो यह भी सूझ गया था कि शायद यह पर्स, जो इतना अपना लग रहा है और जिसके लिए मैंने यूँ ही अनायास हाथ बढ़ा दिया था, वह इन्हीं लड़कों का हो। ये इसमें घर की कोई चीज रखकर लाए हों और यही, इसके भीतर पड़ी घर की कोई चीज ही मुझे बेतरह अपनी लग गई हो। खैर, मैं एकदम उसे खोलना टाल गई। खोलना हाथ की तकलीफ के कारण भी टाल देने जैसा लगा होगा।

उनमें से एक लड़के ने मुझे कन्धे से जोर से पकड़ा था। कुछ ऐसे कि कहीं मैं किसी और दिशा में चल पड़ूँगी और उसे इसे रोकना होगा। उसकी

बुशर्ट एकदम काँख पर फटी थी और रह–रहकर पसीने की अजीब गन्ध वहाँ से उठ रही थी। पर इस वक्त मैं इसे इनकार नहीं कर सकती थी। यह पसीने से नहाया लड़का ही अपना लग रहा था। 'कोई होगा यह मेरा जरूर, तभी तो मुझे लेने आया है।' मेरा मन उसके मैले–कुचैले कपड़े के प्रति वात्सल्य से भर गया। 'ये मेरे लोग जरूर किसी कठिन परिश्रम के काम में लगे हैं।' मन–ही–मन मैंने सोचा और उसकी बाँह पकड़कर रो पड़ी।

"तुम मेरे भाई हो।" मैंने रोते हुए कहा और उसे मजबूती से पकड़कर बाहर निकलने लगी।

लड़का घबड़ा–सा गया। उसे कुछ समझ में न आया कि क्या बोले ? बस, कभी मेरी ओर देखे, कभी आँखें नीची कर ले। तभी डॉक्टर की आवाज मुझे सुनाई पड़ी। गरदन घुमाकर देखने की कोशिश पूरी नहीं हो पाई। फिर भी मैंने देख लिया।

"नहीं, जाइए।" डॉक्टर ने बिना देखे कहा और अपनी कुर्सी, जो उन दो कुर्सियों के आगे रखी मेज के पीछे थी, उस पर बैठ गईं।

"ये पर्चा डॉक्टर कल्हण को दे देना।" उन्होंने एक कागज लड़कों को पकड़ाया।

दूसरे लड़के ने तत्काल कागज ले लिया और तेजी से बाहर निकल गया। तब मैंने देखा कि वह एक स्कूटी धीरे–धीरे खिसकाता हुआ मेरे पास ला रहा है। कमरे से निकलकर बाहर आने पर मौसम एकदम बदला हुआ दिख रहा था। धूप खूब खिलकर निकली थी।

"मैडम, चाभी दीजिए, मैं कल्हन के यहाँ पहुँचता हूँ। आप लोग ऑटो से आइए।"

मैंने चाभी दे दी। लेकिन 'मैडम' शब्द मुझे चुभ गया। तो क्या मैं इनकी दीदी, बुआ, ताई, मौसी...कुछ भी नहीं थी ? फिर... ?

"आप लोग कौन हैं ?" मैंने अब पूछा, जो शायद सबसे पहले पूछना चाहिए था।

"जी, हम लोग यहीं दुकान में काम करते हैं। मोटर गैराज है न जो। वहीं। जब आपका एक्सीडेंट हुआ तो हम दोनों एक गाड़ी ठीक कर रहे थे। मैंने पहले ही कहा कि मैडम तेज चला रही हैं, कहीं मारेंगी। और देखिए कि तभी कहीं से एक तेज कार आई लेकिन कार से आपको नहीं लगा। पीछे उसी

समय कौन काल का परवाना स्कूटर से आया और कार से बचने के चक्कर में आपको मार गया। कार तो निकल गई, वो भी गिरा लेकिन आपको गिरा देखकर उठा और भाग गया। जब आप नहीं उठीं तब हम दोनों भागे। कोई दुकान में नहीं था, बगल की दुकान के एक आदमी के भरोसे छोड़ आए हैं। मालिक को पता चला तो समझिए हमारी शामत आई। तब से यहीं बैठे हैं। नौ बजे की बात होगी।''

''अच्छा!'' मैं हैरान रह गई। मुझे अब भी यकीन नहीं हुआ कि मेरा एक्सीडेंट हो गया है।

''लेकिन मैं तो हमेशा धीरे चलाती हूँ। तेज कैसे चला रही थी?''

''अब हम क्या जानें मैडम, आपको क्या सूझा?'' लड़के ने हँसकर कहा।

तभी एक ऑटो लेकर पहले स्कूटी लेकर गया लड़का आ गया। दोनों ने मिलकर बड़ी सावधानी से मुझे ऑटो में बैठाया। फिर उतनी ही सावधानी से वे खुद बैठे।

कल्हण के हॉस्पिटल तक पहुँचकर मुझे अचानक सारा रास्ता समझ में आने लगा। यह हॉस्पिटल तो रोज ही रास्ते में पड़ता था। कभी मैंने इस तरह इसे देखा नहीं था। आज यह इतना शानदार लग रहा था। बड़ा और चमकता हुआ।

अन्दर पहुँचकर लड़के ने मुझे एक कुर्सी पर बैठाया। मैं उसके कहे अनुसार बैठ गई। फिर रिसेप्शन पर जाकर उसने डॉक्टर का दिया पर्चा वहाँ बैठी एक लड़की को पकड़ाया। लड़की तुरन्त उठ गई। उठकर कहाँ गई, यह पता नहीं चला। मैंने पूछा नहीं था पर लड़का मेरे पास आकर बोला कि वह गई है डॉक्टर से बताने। घबड़ाने की कोई बात नहीं है। फिर लड़के ने मुझे सुझाया कि मैं अपना पर्स खोलकर देखूँ, शायद मुझे अपने घर का पता याद आ जाए। मुझे बात ठीक लगी। पर्स खोलकर मैं देखने लगी। उसमें ऊपर ही एक बिस्किट का पैकेट था। मैंने पैकेट को छुआ।

''ये बिस्किट का पैकेट देख रहे हो न, मैंने सुबह से कुछ खाया नहीं है। जब वक्त मिलेगा, तब कुछ खाने को हो जाएगा, यही सोचकर रखा था।'' मैंने पूरी आत्मीयता से कहा था जैसे कोई अपने घरवालों को बताता है।

लेकिन लड़का झुँझला उठा।

"और कुछ नहीं है। कोई पता बतातीं। कोई आ जाता तो हम भी चलते। हमें भी देर हो रही है।"

अब मेरा ध्यान उसकी दिक्कत पर गया।

"मैडम सुबह से खाई नहीं हैं। चुप रह।" दूसरा वाला लड़का कुछ मुस्कुराया।

मुझे यह अच्छा नहीं लगा। शायद उसे मेरी बात पर यकीन नहीं आया था। मेरे कपड़े अच्छे थे, मेरे पास एक स्कूटी थी और एक बड़ा पॉलीथिन थैला भी स्कूटी के आगे रखा हुआ था, जिसमें तीन साड़ियाँ, उनके पेटीकोट, ब्लाउज, कुछ नकली पर बेहतरीन चमक वाले माले, झाले, कंगन, एक छोटा आईना वगैरह रखे हुए थे, जो मैं स्कूल के लिए ले जा रही थी। आज शाम होनेवाले वार्षिक उत्सव के लिए। इस तरह का सहयोग मेरा हमेशा रहता था। और यह लेदर पर्स भी था ही। जाहिर था कि मैं भूखे रहने वाले हाल में नहीं थी। फिर भी मैं भूखी थी। यह बात मैं दुनिया-भर के किसी अमीर, गरीब, फकीर, बेहाल पुरुष को नहीं समझा सकती थी कि आखिर खाते-पीते घरोंवाली या नौकरी करनेवाली औरतें भी सुबह से भूखी हो सकती थीं और अपने को भूख से बचने की सांत्वना देने के लिए अपने पर्स में कई दिनों से बिस्किट का एक पैकेट रखे हुए अपने काम-धाम में फँसी रह सकती हैं।

"हाँ, देख रही हूँ।" मैं शर्मिन्दा हो उठी। इतने में मुझे एक कोने में छोटी-सी फोन डायरी और पेन मिला। डायरी बाहर निकालकर मैं सोच में पड़ी थी कि तभी दूसरा लड़का अन्दर आया। उसने फिर से स्कूटी की चाभी मुझे दी और एक पॉलीथिन का थैला मेरे पास रख दिया। थैला रखते ही मैं परिचय की गन्ध से विकल हो उठी।

"अरे, आज मेरे स्कूल में फंक्शन था। ये सब मैं वहीं के लिए ले जा रही थी। मेरे स्कूल खबर कर दो। सब लोग कितने परेशान हो गए होंगे।"

"बताइए, स्कूल का नाम बताइए।"

मैं फिर परेशान! स्कूल का नाम क्यों नहीं याद आ रहा है! सब याद आ रहा है, कौन-से रंग की यूनिफॉर्म है, तमाम बच्चों के चेहरे, किसको क्या करना है पर नाम... ? नाम ही तो नहीं याद आ रहा है। आखिरकार मैंने अन्दाज से डायरी का कोई पन्ना खोल दिया और सबसे पहले नम्बर पर फोन लगाने को कह दिया।

"ये तो किसी अखबार का है? पत्रकार का है?" लड़कों ने पूछा।

फोन नम्बर के नीचे अखबार का नाम और पत्रकार लिखा था।

तब मैं एकदम सहमत हो गई।

"हाँ, यही। बता दो।" मैंने कहा ही था कि मेरा बुलावा डॉक्टर के पास आ गया। मुझे लड़के सहारा देने के लिए बढ़े पर मैंने मना कर दिया। अब मुझे इतना ठीक लग रहा था कि मैं खुद चल सकूँ। दर्द भी अब समझ में आ रहा था। हाथ-पैर नहीं टूटा था।

अन्दर डॉक्टर ने कुछ देर आँख देखी, बीपी लिया, हाथ-पैर पर चोट देखा, बुखार लिया और अन्त में कहा, "अभी तुरन्त सीटी स्कैन के लिए चली जाइए। आपके साथ जो हो, उनके साथ चली जाइए। चोट सिर पर है। आप कितनी देर बेहोश रहीं?"

मैं जोड़ने लगी। लड़कों ने कहा था कि नौ बज रहा था, जब मैं गिरी थी, तब मुझे कितनी देर में होश आया था। दस बजे तो मैं लड़कों के साथ बाहर निकल आई थी।

"शायद थोड़ी देर के लिए। याद नहीं है। उस समय नौ बज रहा था।" मैंने कहा।

"घर से भी अभी कोई नहीं आया है। मुझे याद नहीं आ रहा है, इसलिए मैं खबर नहीं कर पा रही हूँ। एक स्कूल में पढ़ाती हूँ।" मैंने अन्ततः अपनी समस्या कह दी। इतना तनाव मुझसे झेला नहीं जा रहा था। बाहर लड़के भी जाने के लिए आतुर खड़े थे।

"ठीक है।" डॉक्टर ने एक नर्स को बुलाया और मुझे एक कमरे में एडमिट कर दिया गया।

कमरे में बिस्तर पर लेट जाने के बाद मैंने नर्स से कहा, "बाहर रिसेप्शन पर दो लड़के होंगे। उन्हें भेज दीजिए।" मैंने सोचा उनसे पानी मँगवा लूँ।

सामने दीवार बहुत सुन्दर स्लेटी रंग से रँगी हुई थी। मन होता था कि उस पर किसी चित्रकार की एक पेंटिंग टाँग दी जाए। वॉन गॉग के सूरजमुखी के फूल कैसे रहेंगे? मैंने अपने मन से पूछा। ढेर-सा पीला रंग पूरे कमरे को उजास से भर देगा। पीले सरसों के खेत की भी मुझे याद आई और अचानक ही मुझमें कुछ कसक गया। कुछ छूटा हुआ-सा। खेत-खलिहान मेरे जीवन से बहुत दूर जा चुके थे। मैं अब शहर से भाग नहीं सकती थी। मेरी नौकरी

मुझे वापस लौटने की इजाजत नहीं दे सकती थी। तमाम ऐसी जरूरतें भी थीं जिनके लिए मुझे नौकरी से चिपके रहना था। पति से कितनी मुश्किल से अलग हो पाई थी, तिस पर अभी तक डायवोर्स का केस खिंचा चला आ रहा था। पता नहीं कब इससे मुक्ति मिलनी थी। मिल भी जाती अगर दो आदमी अलग हो जाने के बारे में मनुष्य की तरह सोचें! यहाँ तो हालत यह थी कि पति और ससुरालवाले अभी तक यही मान रहे थे कि किसी तरह पैचअप हो जाए। इस बीच कई बार डराने-धमकाने की कोशिश की गई थी। एक बार तो हद हो गई थी। मेरे बच्चे छीनने को मेरी मौसिया सास को भेजा गया था। वह बहुत दबंग महिला थीं और अपने मिशन में हमेशा कामयाब होकर दिखाती थीं। वह कितनी भयानक रात और दिन भी, अब बीत गया धा। मैंने अपने भरसक यह लड़ाई लड़ी थी। बच्चे नहीं जा पाए थे। पर मैं उस डर से कहीं गहरे आक्रान्त हो गई थी। इन्हीं बच्चों के लिए मुझे नौकरी करनी थी। इन्हीं के लिए मुझे जीना था। इस तरह अपने लिए भी कुछ जीने की मोहलत हो जाती थी। यह सब कहाँ से मेरे दिमाग में घुमड़ता चला आ रहा था। अपने-आप ही मेरी आँखों में पानी झलमला आया।

तभी, जब मैं सामने की स्लेटी दीवार की तरफ देखती अपने-आपमें हल्का-हल्का रोने को थी ही कि कमरे में बड़ी घबड़ाहट के साथ सुमित घुसा था।

"अरे, कहाँ आप, किसको मार गिरा आईं?"

सुमित ने मुझे देखते ही अपने पत्रकार वाले अन्दाज में पूछा था और हाथ आगे करके मुझे लेटे रहने का इशारा किया था। पर मैं उठकर बैठ गई और उसके बढ़े हाथ को पकड़कर अचानक जोर-जोर से रोने लगी। यह रोना इतना अप्रत्याशित था कि सुमित घबड़ा गया।

"अरे-अरे, रोने की क्या बात है। आप शान्त हो जाइए। देखिए, हाथ-पैर बच गया। और देखिए, सिर भी बच गया। जान बच गई फिर क्या? किसलिए? हो गया, हो जाता है एक्सीडेंट, कोई चाहता थोड़ी न है। अरे, अब जाने दीजिए। मत सोचिए इस बारे में।"

पुमित यह ऐसे कह रहा था, जैसे वह मेरा कितना बड़ा शुभचिन्तक, कितना पुराना साथी हो। और मैं उसे देखकर ऐसे रो पड़ी, जैसे लो, आ गया मेरे घर का कोई, अब सब कुछ सँभाल ही लेगा। हे भगवान, यह कैसे हुआ

था! मैं तो सुमित नाम के पत्रकार को ज्यादा नहीं जानती थी। वह मेरे स्कूल में पिछले वार्षिक उत्सव के समय आया था। उस समय मेरी ड्यूटी प्रेसवालों को रिपोर्ट देने की थी। रिपोर्ट मैं घर से बनाकर ले गई थी। जैसा कि हर बार किया जाता था लेकिन इस बार अचानक कार्यक्रम में कुछ फेर-बदल करनी पड़ गई थी। एक तो जो चीफ गेस्ट आने थे, वे ऐन वक्त पर नहीं आ पाए, उनकी जगह जो आए थे, उनका परिचय नए सिरे से लिखना पड़ा और चीफ गेस्ट का नाम काटना पड़ा। इस तरह धीरे-धीरे इतनी फेर-बदल होती चली गई कि कई चीजें काटनी पड़ीं, जो मैं लिखकर ले गई थी, उसे फिर से लिखना पड़ा था, इसके लिए प्रेसवालों को कुछ देर इन्तजार करना पड़ा था। इस गड़बड़ी में एक-दो प्रेसवाले बिना कुछ कहे ही चले गए थे। इस लिखने की जल्दबाजी के बीच इसी सुमित नाम के पत्रकार ने पूछा था, "फलाँ कॉलेज से आपने एम.ए. किया था, ऐसा पता चला, कैसा है कॉलेज? मैं यहाँ नया हूँ, अपनी बहन का एडमीशन कराना चाहता हूँ।"

मैं झुँझला गई।

"अभी लिखकर बात करती हूँ।" मैंने एकदम टीचर की तरह कहा था।

वह रुक गया। इन्तजार करने लगा। मैंने इस पर खास ध्यान नहीं दिया था। अब यह भी सोचती हूँ। काम खत्म करके मैंने चपरासी को तुरन्त फोटोस्टेट करने को दिया। तब मैं खाली हुई थी। इस बीच दो-तीन टीचर्स आकर मुझे जल्दी काम खत्म करके ग्रीन रूम में आने को कह भी गई थीं। इस तरह के माहौल में कोई आदमी अकेले टाइम नहीं ले सकता था। पर मैंने अब ले ही लिया था और उसके सामने खड़े होकर कहा, "अब बताइए, क्या पूछ रहे थे?"

तब उससे बात होने लगी और तभी पता चला कि वो मेरी ही तरफ का है। उधर के ही किसी गाँव का। अब गाँव के तो सभी कभी न कभी थे ही। पर अपनी तरफ के गाँव के कारण थोड़ा-सा लगा ही था कि कोई परदेस में उधर का है। अपने जैसा। इसी समय उसका फोन नम्बर डायरी में लिखा था। इस गरज से भी लिखा था कि जो न्यूज में कुछ भी गड़बड़ रही तो कम-से-कम इससे कहा जा सकेगा। इसके बहुत दिन बाद वह स्कूल में ही आया था अपनी बहन के लिए एम.ए. का सिलेबस हाथ में उठाए। प्रिंसिपल ने मुझे बुलवाया था और मुझे तब जो-जो याद आया था, मसलन—जो किताबें, जो

महत्त्वपूर्ण प्रश्न वगैरह, अपने भरसक बता दिया था। हालाँकि यह सट्टा मारने जैसा था क्योंकि मुझे कुछ याद नहीं रह गया था। पढ़ाई हमारे देश की ऐसी ही थी, जिसे छोड़ने के बाद आप पूरी तरह भूल जाते हैं। यहाँ उस पढ़ाई की मुझे जरूरत ही क्या थी? समाजशास्त्र से एम.ए. का अब कोई अर्थ मेरे लिए नहीं था। छोटे बच्चों को पढ़ाते हुए उस ज्ञान की अब तक कभी भी जरूरत नहीं पड़ी थी। नौकरी में कभी जरूरत पड़ सकती थी, इसी लिहाज से यह एम.ए. किया गया था।

ऐसे परिचित साथी सुमित से आज मैं यह तीसरी बार मिल रही थी। इसी का फोन नम्बर खुला था मेरी डायरी में एक्सीडेंट के बाद। इसी से मैं ऐसे रोकर पूछ रही थी, "मेरे बच्चे। उन्हें बताऊँ कि नहीं?"

"बच्चों को मत डिस्टर्ब करिए। मैं स्कूल को इन्फार्म कर देता हूँ।" इसके बाद पॉकेट से अपना मोबाइल निकालकर वह बाहर चला गया।

थोड़ी ही देर में मेरा वह छोटा-सा अस्पताली कमरा स्कूल की टीचर्स के सहानुभूतिपूर्ण वाक्यों से भर गया। इस बीच मेरे सिर का सीटी स्कैन भी हो गया। इसी बीच डॉक्टर ने मुझे अस्पताल से छुट्टी भी दे दी। मेरी एक साथी टीचर मेरे साथ मेरे घर तक आई। उसने मेरे बच्चों के लिए चावल-दाल पकाया, उन्हें खिलाया और 'मेरे पास रात कौन रुकेगा?' इस चिन्ता से भर गई। उसके भी बच्चे थे।

"मैं अब बिलकुल ठीक हूँ। तुम चिन्ता न करो।" मैं उसे कह रही थी। पर वह मेरे कहे से ज्यादा डॉक्टर के कहे पर यकीन कर रही थी। दरअसल डॉक्टर आज रात अस्पताल में ही, उसी ऑब्जर्वेशन रूम में रुकने की सलाह दे रहे थे। पर सभी लोगों ने, मेरे स्कूल से आए शुभचिन्तकों ने जोर लगाया, मेरे बच्चों के घर पर अकेला होने का हवाला दिया, वगैरह-वगैरह, किसी तरह कर-कराकर मुझे अस्पताल के उस कमरे से मुक्त करा लिया था।

"तुमने हेलमेट क्यों नहीं लगाया था?" मेरी सहेली मुझे उलाहना दे रही थी।

हेलमेट अलमारी के ऊपर से गिरकर कुछ टूट गया था। उस पर चरमराकर टूट जाने के निशान दिख रहे थे, इसलिए कुछ दिन से मैंने उसे पहनना छोड़ दिया था।

"नया खरीदने को सोच रही थी।"

''तुम सोचती ज्यादा हो, करती कम हो।'' उसने गुस्साकर कहा।

मुझे लगा जैसे वह मेरे लिए कम और अपने लिए ज्यादा कह रही है। अपनी जरूरतों को हम बाकी चीजों के आगे टालते रहना सीख जाते थे। इसीलिए मेरे मुँह से निकल गया था :

''और तुम?''

''मैं भी।'' यह कहकर वह उदास होकर बैठ गई। फिर मेरी खाट पर लेट गई और फिर पता नहीं कब सो गई।

बहुत देर रात में अचानक ही उसका फोन बजने लगा। वह नींद में थी। तब मैंने उसे जगाया और मन-ही-मन धिक्कारा कि भला ऐसी गहरी नींद में कैसे चली जाती है! वह उठी तो कुछ देर लगा उसे यह समझने में कि किस वजह से उसे जगाया गया है। फिर उसने फोन उठाकर देखा, उसके पति का फोन था। वह हड़बड़ाकर बैठ गई।

''कितना बजा है?'' उसने पूछा।

''बारह के करीब।''

''अरे बाप रे!'' उसने तुरन्त अपने पति को फोन लगाया। अब फोन उठ ही नहीं रहा है। पता नहीं क्या बात हुई? मैं भी परेशान हो गई।

''देखो, आज तुम्हें एकदम टेंशन नहीं लेना चाहिए। आखिर सिर पर चोट लगी है। प्लीज, तुम सो जाओ। ऐसा कुछ नहीं हुआ होगा।'' उसने मुझे चिन्ता मुक्त करना चाहा। पर मैं चिन्तामुक्त नहीं हो सकी। बिस्तर पर पड़े-पड़े उसकी तरफ देखती रही। देखते-देखते पता नहीं कब मैंने आँखें बन्द कर लीं।

'इडियट, बेशरम...' इस तरह के उच्चारणवाली कई गालियाँ मोबाइल से निकलकर मेरे कान से टकराईं। आँखें खोलकर मैंने अपनी सहेली की ओर देखा। मेरी तरफ देखने की बजाय वह कूदकर भागी और बाथरूम में छिप गई। वहाँ फोन पर वह क्या-क्या कहती रही, मुझे पता नहीं चला। मैं एकदम उठकर जा नहीं सकती थी। अपने बिस्तर पर ही उठकर बैठने में मुझे समय लगा। दूसरे दवाओं का भी कुछ प्रभाव रहा होगा कि चलने का मेरा एकदम हौसला पस्त पड़ा रहा।

''कौन था?'' बाथरूम से वह जल्दी वापस आ गई थी।

''हसबैंड, और कौन इतनी गुस्ताखी करेगा। मैंने फोन काट दिया। कुछ सुन नहीं रहा था।''

फिर वह बिस्तर पर बैठ गई। आठ-दस मिनट बैठी रही। फिर लेट गई। हम एक ही बिस्तर पर लेटे थे। दूसरे बेड पर दोनों बच्चे सोए थे। सुबह तक मेरे भाई को आ जाना था। शायद अम्मा भी आ जाएँ, इसलिए मैं थोड़ा निश्चिन्त सी हो गई थी। दूसरे अब मुझे सुबह जैसी घबड़ाहट और अजीब परेशानी भी नहीं महसूस हो रही थी, बल्कि अभी मैं अपने को बता रही थी कि कल मैं अपना सब काम कर सकती हूँ। थोड़ा चलने में दिक्कत होगी तो क्या, मैं खाना भी खुद ही बना लूँगी। हालाँकि इसके लिए मुझे मेरी सहेली मना कर रही थी। मेरे एक हाथ में तकलीफ ज्यादा थी।

''तुमने सुना न?'' उसने अचानक पूछा।

मैंने कुछ नहीं कहा। वह एक स्मार्ट और प्यारी लड़की है। कितनी तो इसने अपनी अंग्रेजी पर मेहनत की है। पहले-पहल जब मैं यहाँ आई थी तो इससे भय खाती थी। इसकी पर्सनैलिटी ऐसी खूबसूरत और दमदार दिखती थी। अब भी मैं यही समझती थी कि यह अपना दमखम रखती है। उसके इस दमदार व्यक्तित्व को मैं प्यार करती थी। इसलिए मैं अपनी हैरानी को दबा गई।

''वो है ही ऐसा। कौन उसे सहन कर सकता है! मैंने उसे बताया धा कि मैं तुम्हें देखने अस्पताल जा रही हूँ। फिर तुम्हारे साथ जब मैं तुम्हारे घर आई, तब भी बताया। तुम्हारे पास कोई रुकने के लिए नहीं है, यह भी बताया था। मैं रुक जाऊँ, यह भी कहा था। रुक गई हूँ, यह कहना भूल गई थी। अब घड़ी-घड़ी कहाँ तक सूचना देती रहूँ? उसका कहना है कि मैं रुकी क्यों? उसने मना किया था, फिर भी मैं रुकी। तुम्हीं बताओ, क्या हम औरतों का कोई समाज नहीं होता? हमारे कोई कर्तव्य अपने सहकर्मियों या दोस्तों के साथ नहीं होते? हमारे कोई सरोकार हैं या नहीं? एक दिन क्या बच्चों को जरा-सा देखना पड़ गया, चिल्लाने लग गए।''

फिर वह मुँह उधर करके चुप हो गई। क्या कहूँ मैं? कुछ समझ में नहीं आ रहा है। मैं तो समझ रही थी कि इसे कोई कुछ नहीं बोल सकता है बल्कि एक बहुत सुन्दर जीवन की कल्पना इसी के लिए मेरे मन में उठती थी। और अब? मैं हैरान हूँ कि इस दुनिया में क्या किसी औरत के हिस्से बहुत खूबसूरत कुछ है भी? है, तो कहाँ है? मुझे कोई उन औरतों से मिलवा दे। मुझे कोई उन पुरुषों से मिलवा दे, जो एक सुन्दर दुनिया बनाने में हमारा साथ देने को तैयार हों। कहाँ हैं वे सारे? वे सारे अच्छे लोग, जो स्त्रियों को समझने की

कोशिश करते हों, उनके लिए स्पेस देते हों, जो उनके साथ मनुष्य का व्यवहार करते हों...और भी क्या-क्या मैं धीरे-धीरे बोल रही थी।

''एक तो तुम्हारे पास है। वो सुमित।''

''अरे नहीं। मैं तो उससे यह तीसरी बार मिली हूँ। पहली दो मुलाकातें तो बहुत औपचारिक थीं। मैं उसे ज्यादा नहीं जानती। और फिर क्या पता, वह भी अपने घर में अपनी पत्नी के साथ ऐसा ही व्यवहार करता हो या शायद न भी हो। सोचो, अगर उसे हमारे बारे में कोई कुछ गलत-सलत बता दे, तब भी क्या उसका यही व्यवहार रह जाएगा, यही दोस्ताना? या कि इतना ही आदर करता रहेगा? बोलो।''

''इस तरह तो हम सब पर अविश्वास करते रहेंगे। अच्छाइयों को तो देखना चाहिए। अच्छाइयों को बहुत अप्रीशिएट करना चाहिए।''

''हाँ, अच्छा है।'' मैंने थोड़ा गुस्साकर कहा।

''और वो लड़के, जो तुम्हें अस्पताल लाए। अच्छे लड़के थे। असल में औरतों के लिए इनके दिमाग को इतना बन्द कर दिया गया है कि ये अपने विवेक से सोचते तक नहीं। यही सब समस्या है।''

''कहाँ गायब हो गए दोनों?'' उसने अचानक कुछ रुककर कहा।

''हाँ, बात ठीक है। कंडिशनिंग बहुत है।'' मैं अभी तक पहली बात में अटकी थी। फिर मुझे लड़कों का ध्यान आया। सचमुच कहाँ चले गए वे? कुछ कहकर नहीं गए। बस, अचानक चले गए। सुमित से तो मिले थे। फिर नहीं दिखे थे। उन्हें देर हो ही रही थी। शायद लौट गए होंगे।

''देखो, उन लड़कों से मैंने कहा था कि अपना पता लिख दें। लिखा होगा मेरी डायरी में। ऋषिकेश के थे। कभी ऋषिकेश जाऊँगी तो उनसे मिलूँगी जरूर। कह रहे थे कि यहाँ किसी दुकान में काम करने आए हैं, पर जम नहीं रहा है। लौट जाएँगे ऋषिकेश। अच्छे लोग तो हैं सुमि। पर वही, औरतों के मामले में उनकी दिमागी कंडिशनिंग! इससे जो थोड़ा भी मुक्त हुआ, वह भला हुआ। हमारे लिए भला ही होगा।''

मैं भले लोगों के बारे में सोचने लगी। जैसे कि एक भले सज्जन मेरे गाँव के गुप्ता जी, जो राष्ट्रभक्ति से ओतप्रोत रहते थे। एक और भले सज्जन शुक्ला जी, जो सबकी मदद करते रहते थे...फिर मेरे दिमाग में उनकी पत्नियाँ आने लगीं। त्रस्त और पस्त पत्नियाँ...

"मैंने तो समझा था तुम्हारा उससे अफेयर चल रहा है। तभी वह सबसे पहले अस्पताल में था।"

"भले लोगों की सूची लम्बी है पर मेरे पास इस बात का कोई लेखा-जोखा नहीं है कि उन्होंने अपने घर की औरतों के लिए क्या-क्या किया? महान लोग भी थे ही, जिनके हम ऋणी हैं। तुम्हें भी पता है।"

"मैं तो सुमित की बात कर रही हूँ।" इस बार वह शरारत पर आ गई।

"अरे नहीं, कुछ नहीं है ऐसा।"

"तो चला लो। बुरा लड़का नहीं लग रहा था।"

"बात अच्छे-बुरे से तौलने की नहीं है सुमि। मुझे दोस्त की जरूरत है। वह अच्छा दोस्त बन सकता है तो ठीक अन्यथा मुझे अफेयर की जरूरत नहीं है। फिलहाल नहीं।"

"चलो बाद में ही सही।" उसने मुझे चुटकी काटी।

"चल हट! तू भी सामन्ती हो गई है। कोई लड़का दिखा नहीं कि अफेयर सूँघ लिया।"

फिर हम हँसने लगे। कुछ देर के लिए मैं भूल ही गई कि सुबह मेरा ही एक्सीडेंट हुआ था। हम बहुत-सी लड़कपने जैसी बातें करने लग गए। इतनी देर का संग-साथ हमें इससे पहले नसीब नहीं हुआ था। दोस्तों-मित्रों की दुनिया से विलग कर दिये गए हम दोस्ती के सुनहरे रंग में डूब गए।

इसके कई महीने बाद मुझे ऋषिकेश आने का मौका मिला। बस, एक दिन ही रुकना था। स्कूल के बच्चों को एक वाद-विवाद प्रतियोगिता में हिस्सा दिलाना था। पहला दिन इसी व्यस्तता में बीत गया था। शाम में गंगा किनारे घूम लिये थे। लक्ष्मण झूला और राम झूला देखना भी हो गया था। अगले दिन की कोई बस पकड़नी थी। शाम वाली बस पकड़ने की बात तय हुई। अब दिनभर का समय था। मुझे वहाँ रह-रहकर याद आया कि उस दिन मेरे एक्सीडेंट के समय मुझे अस्पताल ले जानेवाले लड़के यहीं कहीं रहते हैं। अपने घर का पता उन्होंने मेरी डायरी में लिखा था। मैंने डायरी निकालकर पता देख लिया था। मन-ही-मन निश्चित किया कि किसी तरह वहाँ पहुँचकर देख आऊँ। जहाँ हम ठहरे थे, वहाँ एक गार्ड से मैंने वह जगह पूछी। उसके

बताने से ही लगा कि वह जगह गरीबों की बस्ती जैसी होगी। पता नहीं वे लोग किस हाल में रह रहे हैं? मेरी कोई मदद की जरूरत हो तो वह भी कर सकती हूँ। 'अच्छाइयों को बहुत अप्रीशिएट करना चाहिए' मुझे सुमि की बात याद आ रही है। मैं जरूर जाऊँगी।

मगर यह क्या? मैं कब से वहाँ जाना चाहते हुए भी टाले जा रही हूँ! और अब स्कूल के बच्चों के साथ बाजार के लिए चल पड़ी हूँ। अपने बच्चों के लिए मुझे भी कुछ ले जाना चाहिए।

सुनयना, तेरे नैन बड़े बेचैन

आदरणीया दी,

कब से यह पत्र लिखना चाह रही थी। बार-बार कुछ स्मृतियाँ, बचपन की स्मृतियाँ कौंधती थीं, उन्हें आपसे पूछने का, सही-सही जानने का मन होता था। बहुत समय से सोचती रही, लिखना बस टल रहा था, सोच बराबर रही थी। टलते-टलते बीस वर्ष हो गए। आप भी कहेंगी, हद है यह तो! आपकी बड़ी-बड़ी आँखें हैरानी से खुल जाएँगी। सचमुच ऐसा भी क्या टालना! हमें अपने को स्थगित करना छोड़ना होगा, बड़ी खराब आदत है हमारी। अपने को टालते हैं, अपने-आपको मारते हैं इसी तरह। आप ही कहेंगी, मैं जानती हूँ। मेरे कारण भी सब घरेलू कहे जाएँगे। जानती हूँ। हालाँकि मैं इसे घरेलू नहीं मानती, निहायत राजनीतिक और सामाजिक मानती हूँ। आप भी मानती हैं। यह भी जानती हूँ।

खैर, इन सैद्धान्तिक बातों से अलग मैं आपसे बात कर रही थी बचपन की। आपको मुझसे कुछ ज्यादा याद होगा। उस दिन की बात। मैं थी शायद छठी या सातवीं में। शहर का यह सरकारी कन्या इंटर कॉलेज तब भी मुझे नया ही लगता था। स्कूल के तमाम कोने तब भी ठीक से नहीं जान पाई थी। याद है वो होमसाइंस की तरफ जानेवाला रास्ता! बीच में कैसे तो झाड़-झंखाड़ उगे थे। डर लगता था उधर जाते हुए। और बाथरूम, जिसमें अचानक, सफाई दिन में कभी भी होने लगती थी, पर लगता कभी नहीं था कि सफाई हुई है। कुछ मेहतर होने चाहिए थे, नहीं थे। इसी से शायद सफाई होने का कुछ भ्रम बना रहता था। लड़कियों के लिए क्रम से बने इन आठ-दस टॉयलेट में न जाने कौन सुबह-सुबह गन्दा कर जाता था। जब कक्षा छह में मेरा भी प्रवेश इस

स्कूल में हो गया तब मुझे पता चला कि कैसे मेरे देश में लड़कियाँ आठ- आठ घंटे तक पेशाब रोके रखना सीख जाती हैं! आपने मुझे मना किया था कि मैं तब तक उधर न जाऊँ जब तक कि बहुत जरूरत न हो और अगर बहुत जरूरत हो तो दो-चार लड़कियों के साथ जाओ। क्या था उधर? आपने कहा कि सब कहते हैं भूत है। कभी किसी ने देखा है, इस पर आपको भी संशय था। आपने ही कहा कि शायद कुछ गड़बड़ है उधर, बचना ही ठीक है। आपने मुझे बचाने के लिए पहले ही बता दिया था। आप मुझे बचाना चाहती थीं। उससे पहले कोई और लड़की थी ही, जिसने आपको बताया था, वह आपको बचाना चाहती थी। इस तरह एक-दूसरे को बचाने का क्रम बनता था। इसे हमें याद रखना था। पर हमीं में से तमाम लोग भूल जाते थे। यही कि एक-दूसरे को बचा लेने के प्रयत्न की एक जिम्मेदारी भी हमसे जुड़ती थी।

उधर मैं गई थी अपनी एक सहेली को साथ लेकर। जरूरत बहुत दिन तक टाली नहीं जा सकती थी। एक रोज टालना मुश्किल हुआ था। तब जाना पड़ा था। यह मैंने आपको नहीं बताया था। बस, इंटरवल की घंटी बजते ही अपनी सहेली के साथ तीर की तरह भागी थी। इस भागकर पहुँचने में इतना-सा भी डर नहीं लगा था। बल्कि उस वक्त मैं भूत वाली बात एकदम भूल गई थी। लपककर मैं और मेरी सहेली उस टॉयलेट के क्रमदार दरवाजों वाले बरामदे में घुसे थे और फिर क्या? एक-एक दरवाजा खोलते और वह गन्दा मिलता, दूसरा, तीसरा...आखिर कौन इतना गन्दा कर गया है? यह प्रश्न हमने एक-दूसरे से पूछा था। मेरी सहेली के पास भी कोई जवाब नहीं था। हैरानी से वह रोने को थी। अब क्या करें? हम टॉयलेट के उस क्रमदार बरामदे से बाहर निकल आए। तब समझ आया कि इतनी भयानक दुर्गन्ध इसी से उठ रही थी। इससे पहले जल्दी में हम दुर्गन्ध को भी लाँघने की कोशिश कर गए थे। अब नहीं लाँघ सकते थे। चारों तरफ खाली था। कुछ दूर पर एक तरफ एक- एक कमरे वाले अध्यापिकाओं के लिए घर थे। कभी तैयार किए गए होंगे। बड़े पुराने थे। उनमें कोई रहता नहीं था। वे भी डरावने और भुतहे लगते थे। उनके सामने भी झाड़-झंखाड़ उग गए थे जैसे कि टॉयलेट के आसपास, सामने भी। ये सब टॉयलेट स्कूल के अहाते में एकदम पीछे, कुछ छिपे हुए से बने थे। तब भी अगर इनके सामने या अगल-बगल कोई बैठ जाए तो किसी भी क्षण, किसी भी अध्यापिका के गुजरने का एक खतरा भी बना रहता

था। तमाम लोग माली, चपरासी वगैरह इसी तरफ से होकर गुजरते थे। कुछ लड़कियाँ छिपकर इधर के पत्थरों पर बैठकर स्वेटर बुनती थीं या लच्छी वाले ऊन का गोला बनाने आ जाती थीं। माली का लड़का चौबीस घंटे खुर्पी हाथ में पकड़े इधर ही कहीं रहता था। सुनसान किन्तु किसी के भी आ जाने की सम्भावना लिये यह जगह थी। इतना भय था, न जाने बिना कुछ देखे ही अब भय से टाँगें भी हल्का-हल्का काँप रही थीं। हिम्मत बनाए रखने के हजार तरीके याद नहीं आ पा रहे थे। फिर भी, फिर भी, क्या करें, हमने वह रिस्क लिया और वहीं आसपास, एक की निगरानी में दूसरा और दूसरे की निगरानी में पहला, कुछ इसी तरह काम चला पाए और संकल्प धरे कि सचमुच कभी इधर नहीं आएँगे। इस तरह हमने भी सीखा घंटों अपनी जरूरत को स्थगित रखना।

देखिए, यह बात मैंने आपसे छिपा ली थी। सिर्फ यही कहा था कि उधर ऐसा भी कुछ नहीं है, जिससे इतना डरा जाए। किसी ने ऐसे ही डर फैला दिया है। बस, गन्दा बहुत है। गन्दगी और झाड़-झंखाड़ में तमाम अदृश्य चीजों का डर हो सकता है। जो हो भी सकती थीं और नहीं भी। यह आखिरी बात मैंने नहीं कही; बल्कि एक मस्ती दिखाई। डर से मुक्ति की मस्ती जैसी मस्ती। आप कुछ-कुछ जान गई थीं। चिन्ता आपके माथे पर उभरी थी, पर आपने मुझ पर भरोसा कर लिया था। आप मुझसे थीं ही कितनी बड़ी! मात्र तीन वर्ष! पर ऐसा लगता कि दुनिया-जहान की जितनी प्रामाणिक जानकारी आपको है, वह हमें कभी हो ही नहीं सकती। सारा ज्ञान आपसे हमें सीखना होगा। गुरुदक्षिणा की भी कितनी ही बार बात उठती थी। आप कुछ अपने काम की जरूरी चीजें इसी मद में डाल देती थीं। लेकिन हम असमर्थ शिष्य थे। माँ की हिसाब की कॉपी में आपकी गुरुदक्षिणा वाली लिस्ट लिखवा देते थे। यह सबसे ठीक जगह लगती थी, जहाँ से किसी चीज को लम्बे समय तक याद किया जा सके। उतने लम्बे समय तक, जब तक कि हम समर्थ न हो जाएँ। हम याद रख लेंगे, इसका हमें भरोसा था। लेकिन कहाँ? हममें से कोई भी तो आपकी गुरुदक्षिणा नहीं दे पाया! शादी के बाद सब के सब पितृसत्ता के साँचे में जबरन बैठा दिये गए। हाँफते-काँपते उसी में अपने को अँटाते रहे। वहाँ कुछ अपने जैसी ही औरतें थीं, सब भूल गई थीं कि औरतों को कैसा होना चाहिए? उन्हें कभी बताया ही नहीं गया था। उनकी तरफ उम्मीद से देखी

हमारी सारी नजरें वापस लौट आती थीं। उन्हें अपने आकाओं के आगे लगातार अपनी ईमानदार भूमिकाओं को प्रमाणित करना पड़ता था। वे जुटी रहती थीं दिन- रात। वे भूल गईं थी कि वे नींद भर नहीं सोती हैं, चैन भर नहीं देखती हैं, पेट भर नहीं खाती हैं, घ्राण भर नहीं सूँघती हैं, मन भर नहीं जीती हैं। वे अपनी महानता में बिलबिलाती हुई न जाने किसकी बाट जोहती रहती थीं। उनके पाले लड़के भी उन्हें छोड़कर उनके आकाओं की ओर जा मिलते थे। उन्हें याद दिलाने की कोशिश में वे कोशिश करनेवाले को अपना शत्रु समझ लेती थीं। मामला उतना सीधा नहीं था दी, जितना कि मैं अभी कह पा रही हूँ।

ये कौन-सी मनतोरुआ बातों में फँस गई मैं भी! देखिए, जब लम्बे दिनों तक आदमी नहीं बोलता तो अचानक बोलने का मौका पाने पर सब एक ही बार में बोल देना चाहता है। मैं भी यही करने लगी। मुझे माफ करिएगा। कहने के इस उतावलेपन में कुशल समाचारों का औपचारिक तरीका भी भूल गई। जरूरत थी क्या इसकी? मैं आपसे सच में पूछती हूँ? नहीं न! जाने दीजिए। अपनी इस बहन को आप जानती ही हैं। आप जितनी जिद्दी थीं, उससे एक कदम कम नहीं।

आपकी जिद वाली बात ही थी, जिसमें पूछना था। तभी से पूछना चाहती थी कि क्यों आप, छोटी-सी आप, कोई सात-आठ बरस की, आठ कोस पैदल चलकर अपने लक्ष्य तक पहुँच भी गईं तो वहाँ से लौट क्यों आईं? वापस। बात आपके बचपन की थी। हमारे सामने बार-बार बताने से साक्षात् हो गई थी। हम उसके गवाह नहीं थे। आप खुद ही उसकी गवाह थीं। सात आठ बरस की नन्ही-सी गुड़िया आप उस दिन स्कूल नहीं जाना चाहती थीं। आपने साफ-साफ कह दिया था। पर माँ-बाप बच्चों की साफ कही हुई बातों को भी साफ देखना नहीं चाहते। वे अड़े रहे कि स्कूल जाना पड़ेगा। आपको मेरी तरह स्कूल जाने से नफरत नहीं थी। आप अच्छे से तैयार होकर जाती थीं। आपका अनुशासन अक्सर हमें उलझन में डाल देता था। पर आपके भीतर एक जिद्दी गुड़िया भी थी। आप स्कूल के रिक्शे पर बैठ गईं और स्कूल पहुँचकर रिक्शे से उतर भी गईं। रिक्शे पर और भी कई बच्चे बैठकर जाते थे। वे सभी उतरकर स्कूल के भीतर चले गए। आप नहीं गईं। रिक्शा मुड़कर जब वापस लौटते हुए दृश्य से खो गया तब आप मुड़ीं और वापस चल पड़ीं। जब आपने

'न' कहा था तो उसका मतलब 'न' ही था। यह हम लोगों ने तभी जाना था। वापस लौटकर आप माँ के स्कूल के लिए चल दीं। लोग कहते हैं कि आप आठ कोस चलीं लेकिन माँ का स्कूल ढाई-तीन किलोमीटर की दूरी पर था। आप इतना पैदल चलकर पहुँचीं। माँ के स्कूल तक। पता नहीं फिर क्या सूझा कि आप स्कूल के अन्दर जाकर माँ को ढूँढ़कर पा लेने की बजाय लौट पड़ीं। लौटतीं कहाँ? घर पर तो ताला था। पिताजी अपने काम पर निकल चुके थे। इस तरह घर जाना भी व्यर्थ हुआ होगा! तब क्या हुआ? कितनी देर आप सड़क पर चलती रहीं? पता नहीं पिताजी को किसी ने खबर की थी कि वे अकस्मात् ही साइकिल चलाते उधर से गुजरे थे? यह मुझे आज तक ठीक ठीक पता नहीं चल पाया। आप पकड़ी गईं और साइकिल पर, आगे के डंडे पर, अपनी तौलिया तहाकर रखकर पिताजी ने उसी पर आपको बैठाया। थोड़ा-थोड़ा डाँटते और डराते कि इस तरह अकेले घूमने से क्या-क्या हो सकता है? साधु पकड़कर ले जा सकता है। कुआनो नदी पर बननेवाले पुल में गाड़ सकता है। पता नहीं कितने बच्चों की बलि वह दे चुका है। और जो कोई अजनबी आदमी पकड़ ले जाए तो पता नहीं क्या-क्या करवाए, भीख मँगवाए, हाथ-गोड़ तोड़कर नचवाए, आँख अन्धा करके लाठी थमा दे और चौराहे पर छोड़ दे...। आप बैठ गईं, कोई और उपाय जो नहीं रहा होगा! लेकिन घर भी नहीं जाना है, घर जाने का मलतब पहले पिताजी की डाँट फिर स्कूल से लौटकर आई माँ की फटकार। कहाँ जाएँ? यही तो तय नहीं है? यही तो सब परेशानी है? आप भी कुछ देर चुपचाप बैठी रहीं। फिर साइकिल के चक्र में अपना पैर डाल दिया। पैर डालने से आपकी एड़ी छिल-कट गई। खून टपकने लगा। पिताजी चौंककर उतरे और आपको लेकर डॉक्टर के यहाँ भागे। फिर क्या? वही मलहम-पट्टी शुरू और आपको पिताजी की देखरेख का अतिरिक्त सुख! माँ डाँटना भूल-भालकर आप पर प्यार जताएँ, पैर सहलाकर पूछें कि रानी, अभी दर्द कर रहा है? अच्छा तरीका था इतने सारे भाई-बहनों के बीच प्यार छीन-झपटकर अपनी तरफ कर लेने का! पर सच-सच बताइए कि क्या यही जो मैं समझ पाई, सच था? या कि आप, जो इतनी अनुशासित थीं, घर के इसी अनुशासन को नापसन्द कर रही थीं? मुझे यही लगता था।

और उस दिन, उस दिन तो मैं खुद ही हैरान रह गई। हुआ यह था कि मैं अपनी सहेलियों के साथ स्कूल में इधर-उधर घूम रही थी। कक्षा न जाने

किस वजह से नहीं चल रही थी। मैं थी आठवीं में और आप ग्यारहवीं में। थोड़ा छिप-छिपकर घूम रहे थे। मेरी सहेली अनुराधा भी जानती थी कि अगर आपने हमें फालतू में घूमते देखा तो रोककर प्रवचन पिला सकती हैं। वही आदर्श जीवन वाला प्रवचन। हमें इससे बड़ी कोफ्त होती थी। बेवजह अपने को हीन दिखाना पड़ता था। अपनी नहीं की गई गलती के लिए आँखें नीची रखनी पड़ती थीं। अपनी सहेलियों के आगे शर्मिन्दा होना पड़ता था। बेवजह, एकदम बेवजह! बाद में कभी अवसर देखकर मैंने आपको यह जता भी दिया था। तब आपने कहा कि बड़े ऐसा कर सकते हैं। उन्हें अधिकार है। पर आपने यह भी कहा कि खुद आपको कोई लेक्चर पिलाए तो बड़ा बुरा लगेगा। फिर हमें क्यों? आप हँस पड़ीं। जिसका मतलब था कि इसमें मजा बहुत है। हम रूठ गए। तब आप मनाने लगीं। कहने लगीं कि अपने-आप ही मुँह से सब अच्छी बातें छोटों के लिए निकल जाती हैं। यह अभ्यास है। ऊपर से चली आती एक चेन है। इसे आप तोड़ देंगी। आपने तोड़ दिया। पर फिर भी हम जानते थे कि आप हमारे अच्छे के लिए यह सब कहती थीं। आप क्यों इतनी अच्छी बन जाती थीं?

इस तरह आपसे ही बचते हुए हम घूम रहे थे। देखा कि मैदान में एक जगह लड़कियों की भीड़ लगी है। नजदीक गए तो पता चला कि कोई लड़की गाना गा रही है। पर भीड़ इतनी थी कि मैं गानेवाली लड़की का चेहरा नहीं देख पाई। हम सब सहेलियाँ इसे समय का सार्थक उपयोग मानते हुए भीड़ के पीछे ही खड़े गाना सुनने लगे। मुलायम-सी मधुर स्वर लहरियाँ तैर रही थीं। गीत के बोल थे 'अजीब दास्ताँ है ये, कहाँ शुरू कहाँ खतम...' उस दिन से पहले मैंने कभी इस गीत पर गहराई से सोचने की जरूरत नहीं समझी थी, पर उस दिन यह गीत मानो आत्मा से बह रहा था। एक आत्मा से बहता हुआ दूसरी आत्माओं को भिगोता चला जा रहा था। मैं तो डूब ही गई। मेरी सहेली अनुराधा उत्सुक हो उठी कि कौन लड़की गा रही है? वह भी इतना सुन्दर, जिससे हम अब तक अनजान बने रहे! हमें अपने अनजान बने रह जाने पर गहरा अफसोस हो रहा था। अनुराधा उझक-उझककर देखने की कोशिश करती थी पर दिख नहीं रहा था। किसी सीनियर लड़की ने उसे डाँट दिया तो उसने उझककर देखना छोड़ दिया और बोलकर पूछने लगी। आखिरकार मेरी ही कक्षा की एक लड़की ने कहा कि कोई ग्यारहवीं क्लास की दीदी गा रही

हैं। मैं खुश हो गई। मैंने आत्मविश्वास से भरकर कहा कि मुझे पता चल जाएगा, क्योंकि मेरी बहन ग्यारहवीं में तो हैं। तभी एक बड़ी लड़की ने पीछे मुड़कर कहा, "अरे वही, जिसकी बड़ी-बड़ी आँखें हैं। बाप रे, इतनी बेचैन आँखें मैंने कभी नहीं देखीं!" मुझे यह टिप्पणी समझ नहीं आई। 'बड़ी-बड़ी आँखें पर बेचैन आँखें' यह क्या माजरा था? मैंने तभी सोचा था कि आपसे पूछूँगी। फिर क्या खबर आई कि भीड़ छँटने लगी। हम भी लौटने को थे कि किसी ने आपका नाम पुकारा। मैंने तुरन्त ही रुककर देखना चाहा कि आप कहाँ हैं। तभी अनुराधा को भी यह मौका मिल गया कि वह झाँककर उस गोल बनाकर बैठी लड़कियों में आज की मनमोहिनी गायिका को देख ले। अनुराधा ने तब मुझे हिलाकर कहा, "हाय राम! अमिता दी हैं।" मुझे बिलकुल यकीन नहीं हुआ। मैंने अपनी खुली आँखों से तब आपको देखा। घुटने मोड़कर मगन भाव से पलकें नीचे किए हल्का-हल्का मुस्कुराती आपको मैंने देखा। यह आप नहीं थीं! घर वाली आप नहीं थीं। यह तो आपके भीतर कोई और ही छिपा बैठा था। आज उसे देख रही थी! सफेद सलवार और आसमानी कुर्ते पर सफेद दुपट्टा इतना खिल रहा था। यह भी आज ही देखा! इस तरह मगन मन बैठी हुई आपका यह चित्र मेरे दिमाग के कम्प्यूटर में आज भी सुरक्षित बना हुआ है। मन होता था कि नाचूँ, गाऊँ, चिल्लाऊँ कि मैंने आज क्या देखा, कि यह गानेवाली बड़ी-बड़ी आँखोंवाली, यह बेचैन आँखोंवाली और कोई नहीं मेरी है। मेरी अपनी। मेरा होना कितना बड़ा होना हो गया था उस वक्त। मैंने अनुराधा का हाथ ऐसे जोर से ऊपर उठा-उठाकर नचाया कि वह खिलखिला-कर हँसने लगी, फिर हाथ छुड़ाने लगी कि बस, अब छोड़ भी! 'कि खुशी से मर ही न जाते, अगर एतबार होता!' कुछ ऐसी ही हैरानी से खुली और प्रसन्नता से सिहरती आँखें लिये मैं चारों तरफ देख रही थी। और वही गीत मेरे मन में बज रहा था। हमेशा बजता रहा। वही गीत—'अजीब दास्ताँ है ये...'

सचमुच अजीब दास्ताँ ही है समूची हमारी जिन्दगी! इतने पहले आपको यही गाना पसन्द आया था!

और तब कहीं जाकर आपने पलकें उठाकर भीड़ को देखा था। 'बेचैन आँखें' तब मुझे दिखी थीं। थिरकती हुई काली पुतलियाँ सारे जमाने को अपने में समेटे थीं। आप देख रही थीं कि लगता था कुछ खोज रही हैं! मैं आपको

ताके जा रही थी कि मैं भी कुछ खोज रही थी, अपनी पहचान के निशान तलाश रही थी आपकी ढूँढ़ती निगाहों में! और आप थीं कि सबके कहीं पार निकल जाती थीं। आपसे तब से कितनी ही बार पूछा कि क्या आपने मुझे देख लिया था?

'बहुत लोग थे, तुम भी थी।' यह आप कह देती थीं। बहुत लोगों में अपने को मिला देना या अपनों को घुला देना या बहुतों में अपनों के निशान ढूँढ़ लेना, यह आपने समझाया था, पर मैं तब नहीं समझ पाई थी। अब जब समझ रही हूँ तो आपको नहीं समझा पा रही हूँ। वक्त मेरे हाथ से चिड़िया की तरह उड़ गया है।

कहाँ चली गई आपकी आँखों की वह बेचैनी? कुछ तलाशती हुई वह अकुलाहट?

दुनिया को दुरुस्त करने की सारी हहराती इच्छाएँ...

शादी क्या हुई, सब कुछ इस तरह बदल गया आपका!

भावहीन सूनी आँखें लिये कहाँ देखी जा रही हैं आप?

हम कब से, बीस सालों से उन्हीं में अपनी पहचान के चिह्न तलाशकर ले जाने की कोशिश में लगे हैं।

हम चूक गए हैं, यह जानते हुए भी।

आपकी

......

नोट—आप कहेंगी कि नोट लिखने की आदत नहीं गई। बस, एक बात और, पत्र के नीचे आपकी शिष्या भी लिखना चाहती थी, पर हिम्मत ही नहीं हुई।

राग-विराग

सड़क का अनुशासन उलाँघती लड़कियों की छितर-बितर-सी लाइन चल पड़ी है। एक-दूसरे को धक्का देती, धौल धप्पा मचाती, चीख-चीखकर एक-दूसरे को बुलाती-बतियाती। कभी कोई किनारे के झाड़-झंखाड़ खींचकर उखाड़ लेता है तो कोई किसी ठेले से टकरा जाता है। कोई सड़क किनारे बैठी-सुस्ताती बिल्ली रानी पर अपना प्यार न्यौछावर करने को आतुर हो उठता है तो कोई, किसी अपने में मस्त घूमते कुत्ते को बहुत छोटा-सा कंकड़ मारकर डरा देता है। किसी ने तो फलवाले के ठेले को धक्का मारकर चला दिया है, फलवाला जरा हटकर अपने साथी से जाने क्या बतियाने गया था कि बस, लड़कियों ने शरारत का मौका पा लिया!

"अरे, अरे, रे, रानी लक्ष्मीबाइयो..." उसने चिल्लाकर अपने ठेले को थाम लिया, नहीं ठेला कितनी ही दूर निकल जाता या किसी चीज से टकरा कर लुढक पड़ता और सब फल जमीन पर नाचने लगते।

तभी एक अध्यापिका कहीं से निकलकर लड़कियों पर उखड़ पड़ीं , "ठीक से चलो गर्ल्स! तमाशा करेंगी आप लोग तो अभी वापस चले जाएँगे। ऐ नताशा, शरारत मत करो। हाँ, हाँ, लाइन में। लाइन में रहिए।" तभी दूसरी अध्यापिका दूसरे छोर से चिल्लाईं, "ट्रैफिक जाम कर दोगी क्या, लड़कियो! डिसिप्लिन में रहिए। पूजा, रेहाना, ऐ तुम लोग वहाँ क्यों रुक रही हो। छोड़ो उस पिल्ले को, नीचे उतारो। चलो, लाइन में चलो।"

लेकिन लड़कियाँ हैं कि जैसे चिड़ियाघर से छूट आई हैं।

चहचहा रही हैं। उछलकूद से बाज नहीं आ रहीं।

धूप चमक रही है। लेकिन जो कोई रत्ती-भर भी असर मान लें!

न कोई जल्दी, न तेजी!

किनारे की खुली, अधखुली दुकानों को इतने-इतने ललक से देख रही हैं, मानो पहले कभी बाजार न आई हों!

अध्यापिकाओं का चैन हर लिया है इन लोगों ने। वे झल्लाकर जाने क्या-क्या कहे जा रही हैं। सोचती हैं कि ऐसा कहने से वे इन्हें बाँधकर अपनी मुट्ठी में रख लेंगी और निर्धारित जगह पर पहुँचकर धड़ाम से पटक देंगी।

''गर्ल्स! आज एक्सीडेंट कराकर रहोगी तुम लोग!'' और भी क्या-क्या।

अध्यापिकाएँ तीन हैं और लड़कियाँ लगभग अस्सी। सबसे पीछे चलती हुई दो महिला पुलिस भी हैं। कॉलेज से जब यह काफिला निकला था, तब दोनों पुलिसवालियाँ ठीक पीछे चल रही थीं। मगर उनकी चाल इतनी धीमी होती चली गई कि वे दोनों लड़कियों के काफिले से कुछ पीछे रह जातीं। दोनों अपनी ही बातों में मशगूल थीं। लड़कियों से भी ज्यादा बात वे कर ले जाना चाहती थीं। पर उन्हें आया देखकर कॉलेज की प्राचार्या ने और अध्यापिकाओं ने भी राहत की साँस ली थी कि अब हुई है लड़कियों की सुरक्षा पूरी तरह चाक चौबन्द! जो भी रास्ते में लड़कियों को इतराते, चहचहाते, चिलबिल करते देखता, वह पीछे महिला पुलिस को देखकर इत्मीनान की साँस ले लेता कि चलो, लड़कियाँ सुरक्षित तो थीं! लेकिन महिला पुलिस कई बार बातों में भूल चुकी होतीं कि वे यहाँ किसलिए हैं? दोनों कई बार बहुत पीछे छूट जातीं। या फिर दूर से ही अध्यापिकाओं की तरफ देखकर इशारे से कहतीं, ''आप चलो जी, हम अभी आए।'' और बरतन की दुकान में घुसकर चाय छानने की छन्नी खरीदने लगतीं। एक बार तो वे किसी दुकान में घुस गईं तो देर तक नहीं निकलीं और अध्यापिकाएँ लड़कियों को किसी से टकराने या एक्सीडेंट हो जाने से बचाने की कोशिश में लगी-लगी आगे बढ़ गईं। धीरे-धीरे सब भूल गए कि उनके साथ कोई महिला पुलिस भी चल रही थी। इस भूलने ने लड़कियों को उत्साह से भर दिया और अध्यापिकाओं को अतिरिक्त सतर्कता से।

अचानक एक लड़की को चक्कर आने लगा। अचानक काफिला थम-सा गया। अचानक हलचल का सब रूप बदल-सा गया। दो लड़कियों ने अपनी साथिन को बाँहों में थाम लिया। एक अध्यापिका, जिनका नाम लीना चन्द्रा था, पानी की बोतल लेकर दौड़ीं। एक लड़की नमिता, जिसके जिम्मे

कुछ सामान के थैले थे, उसने ग्लूकोज का पैकेट निकालकर मैडम को पकड़ाया।

''सुबह खाना नहीं खाया होगा।''

''क्यों जी, रोटी खाकर नहीं आ सकती?'' बगल से एक दूसरी अध्यापिका ने सहानुभूति से भरकर कहा। ये अवन्तिका जी थीं, जो वैसे तो तीनों में सबसे सीनियर थीं लेकिन इस दल में सबसे देर में आई थीं। ग्लूकोज वाला पानी लड़की पीने लगी तो लीना चन्द्रा रह-रहकर लड़कियों को डाँटने लगीं, ''कहा था न जल्दी निकलने के लिए। आठ बजे तुम लोग पहुँच जाती तो नौ बजे तक पहुँच गए होते हम। लेकिन नहीं, तुम लोग छुट्टी के दिन कहाँ जल्दी आनेवाली। आराम से आओगी। खाना बनाकर आओगी। आते-आते दस बजा दिया। अब झेलो धूप।''

लड़कियाँ क्षण-भर को सिटपिटा गईं। तभी सबसे जूनियर अध्यापिका सविता रानी भी भुनभुनाते हुए घेरे के भीतर घुसीं, ''पहले से पता था कि धूप हो जाएगी तो कोई न कोई गिरेगा। हर साल मार्च कराओ तो कोई न कोई गिरता है। भला हो, ये गिरी नहीं बच गई। ग्लूकोज भी कितना देते हैं। यही पैकेट देखो, हम दो साल से चला रहे हैं। आप के ही रहते आया था न लीना जी, दो साल से कोई ऊपर ही हुआ होगा। और आपको भी लीना जी, नए-नए प्रयोग सूझते रहते हैं!'' उनकी बड़बड़ाहट रह-रहकर फूट पड़ती थी। चूँकि उनके और लीना चन्द्रा में उम्र और नौकरी का कोई खास अन्तर न था, सो वे थोड़ी स्वतंत्रता ले लेती थीं।

''भई, हमारे ऊपर न आ जाए कुछ। सँभालो इसे। बोलो, रिक्शे से घर चली जाए। हम पैसा दे देंगे। अटेंडेंस लगा देंगे। जाओ बेटा, घर चली जाओ।'' अवन्तिका जी ने अपनी सीनियारिटी के हिसाब से निर्णय सुनाया। लेकिन चक्कर खाकर गिरने से बच जानेवाली लड़की ने सिर हिलाकर मना कर दिया।

''न मैडम जी, चल लूँगी।''

''कैम्प के दिन खाना क्यों नहीं खाकर आती हो तुम लोग?'' यह बात थोड़ा धीमी-सी आवाज में अवन्तिका जी ने लीना चन्द्रा की तरफ देखकर कहा।

''ऐसा ही है दीदी। हम क्या कर सकते हैं? कैसे-कैसे दूर से तो आती हैं ये! कोई कॉलेज है दूर-दूर तक? यही है। ये भी क्या करें!'' लीना ने उन्हें शान्त करने की गरज से कहा।

लेकिन सविता रानी की चिन्ता अभी भी बनी हुई थी, "लीना जी, आप को भी क्या-क्या प्रयोग सूझता है! छुट्टी के दिन बच्चों को घर छोड़ना कितना मुश्किल होता है। आपकी जगह मैं होती न, तो कभी न करती ऐसा प्रयोग। अरे, वहीं कोई फिल्म लगाकर दिखा दो इन्हें। छुट्टी मिले। ये भी खुश, हमें भी चैन।"

"हाँ, कौन-सा देश बदल देंगी ये लोग।" अवन्तिका जी ने कुछ निराशा और कुछ राहत से कहा।

"पिछले साल 'मदर इंडिया' फिल्म दिखाया था मैडम।" सविता रानी ने याद दिलाया।

"वही ठीक रहता है, इनके हाथ में खुर्पी, हँसुआ पकड़ाकर आस-पास की घास कटवा दो कुछ देर या थोड़ा-बहुत कूड़ा उठवा दो।"

"सविता, आप भी! देखिए इस बार क्या कर पाते हैं! मेरा आखिरी साल है इस एनएसएस में, फिर आप लोगों का जो मन करे, करिएगा।" लीना चन्द्रा ने भी परेशानी महसूस करते हुए जवाब दिया।

"मैम, इससे अच्छा हम लोग पिकनिक पर चलते। कहीं मसूरी, धनौल्टी।" लड़कियाँ खुशी से कहने लगीं।

अध्यापिकाएँ सतर्क हो उठीं।

"हाँ, हर समय तुम लोगों को पिकनिक चाहिए! अभी यहाँ चलकर देखो, दुनिया कैसी है?" लीना चन्द्रा ने थोड़ी कड़ाई करते हुए कहा।

"गर्ल्स! लाइन में चलिए।"

लड़कियाँ लगभग लाइन में आ गईं।

यह राष्ट्रीय सेवा योजना के एकदिवसीय कैम्प का दिन है, जिसमें आज तय किया गया है कि लड़कियों को मानसिक रूप से अक्षम लोगों के आश्रम 'त्रिशायर होम' लेकर जाना है। लड़कियाँ वहाँ कुछ काम कर देंगी, मुख्य रूप से सफाई का ही काम उन्हें करना है। लेकिन इतनी आसानी से यह जाना तय नहीं हुआ था। अध्यापिकाओं में लीना चन्द्रा का परिचय ऐसी जगहों से थोड़ा-सा रहता था। वे चूँकि एनएसएस की वरिष्ठ कार्यक्रम अधिकारी थीं और तीन साल के इस असाइनमेंट में उनका यह आखिरी साल था तो वे चाहने लगी थीं कि लीक से कुछ अलग हटकर कोई काम कर डालें। कुछ झक-सी चढ़ गई थी, तो वे अपनी सहकर्मी महिलाओं को समझाने लगी थीं। सभी

सहमत हो जाते थे पर जब काम का वक्त आता था तो बात अंजाम तक नहीं पहुँचती थी। सभी इधर-उधर चल देते। किसी न किसी बहाने वही हाथ आता—ढाक के तीन पात। बस, इस एक काम के लिए उनके साथ की बाकी दोनों अध्यापिकाएँ भी तैयार हो गई थीं। सविता रानी उनसे कुछ छोटी थीं और थोड़ा उत्साही भी। उनका समर्थन मिला तो मन मारकर अवन्तिका जी भी तैयार हो गईं। कोई ऐसी बड़ी बात थी भी नहीं। लेकिन कार्यशैली ही ऐसी बन गई थी कि अध्यापिकाओं के पहले क्लर्क विरोध करने लगते थे। वे अपने हाथ से कुछ भी खिसकने देने को तैयार न थे। प्राचार्या को भी उनकी बात माननी पड़ती। अपनी कोई खास परेशानी न देखकर क्लर्क मान गए थे। चपरासी भी न-नुकुर करते तैयार हो गया था और बोरे में खुर्पी वगैरह भरकर, साइकिल चलाते हुए 'त्रिशायर होम' तक चला आया था।

ये महिला महाविद्यालय के बी.ए. की लड़कियाँ थीं। लगभग सभी ने एनएसएस लिया था लेकिन सारी छात्राएँ कभी भी उपस्थित नहीं हो पाती थीं। सड़क पर अपनी साथिनों के साथ तो उन्हें आनन्द आ रहा था पर 'त्रिशायर होम' में उनकी दिलचस्पी नहीं हो पा रही थी। वैसे भी इस छोटे-से शहर के इस एकमात्र महिला कॉलेज से बी.ए. करने जो लड़कियाँ आती हैं, वे संख्या में तो बहुत होती हैं पर पढ़ने का कोई बड़ा लक्ष्य लेकर प्रायः नहीं आतीं। कई बार यहाँ पढ़ते-पढ़ते उनमें सचमुच कोई लक्ष्य जाग जाता है और वे उधर की दिशा में कुछ प्रयास भी करने लगती हैं। उनमें से ज्यादातर तो घर का काम-धाम निबटाकर कॉलेज आतीं। झाड़ू-पोंछा, बरतन माँजना, साफ-सफाई, कपड़े धोना, खाना बनाना आदि उनकी दिनचर्या का लगभग अनिवार्य हिस्सा होता। इसलिए घर से बाहर आकर फिर काम में धँसना उन्हें नहीं भाता था। बीएस-सी वालों की स्थिति थोड़ी-सी ही उनसे ऊपर थी। हालाँकि कॉलेज में बीएस-सी कुछ इस तरह से खुला था मानो फुटकल खाते का काम हो। फिजिक्स नहीं थी। केमिस्ट्री और बायोलॉजी थी। साथ में जूलॉजी और गणित विभाग भी खुला था, जो किसी खास की भर्ती करने के मकसद से कभी खोला गया था, वही खास अध्यापिका वहाँ डटी हुई थीं। कभी-कभी एक विद्यार्थी उन्हें मिल जाता था, तब वे कॉलेज में दिख जाती थीं, पर अक्सर ही यह बात चलती रहती कि ऐसा ही रहा तो गणित विभाग बन्द हो जाएगा। इसके बावजूद गणित विभाग वर्षों से चल रहा था। इसलिए बीएस-सी की

लड़कियाँ संख्या में ही कम थीं तो एनएसएस में भी कम थीं। इसलिए घर से बाहर आकर फिर काम में धँसना उन्हें नहीं भाता था। यह थोड़ा-सा वक्त, जो घर की चौतरफा घेराबन्दी से कुछ मुक्त हो उठने का होता था, उसमें भी मैडम लोग एनएसएस पकड़ाने लगती थीं।

"क्यों ले लेती हो तुम लोग एनएसएस?" मैडम झल्ला कर पूछतीं।

"बी.एड. एडमीशन में बीस प्रतिशत का फायदा मिलेगा, मैडम।" लड़कियों का जवाब साफ होता।

इन लड़कियों को बी.एड. करना था। शायद भविष्य में ये टीचर बन जाएँ। लेकिन बहुत कम ही थीं जो अपने को भविष्य की टीचर की तरह देखना चाहती थीं। उनके ख्वाब में खुद का टीचर की तरह आना सम्भव ही नहीं हुआ था। ज्यादातर तो अपनी टीचर की छवि से ज्यादा अपनी शादी का इन्तजार कर रही थीं। इसलिए वे बी.ए. के बाद के समय को अक्सर एम.डब्लयू.टी. कहतीं जिसका फुल फार्म था मैरिज वेटिंग टाइम। इस वेटिंग टाइम में एम.ए. हो गया तो बहुत अच्छा, नहीं हो पाया तो भी अच्छा। लेकिन बी.एड. की बात और थी!

"नौकरी सबको चाहिए! पढ़ेंगी नहीं! "

"चलो, इतनी अवेयरनेस तो है इनमें।" अध्यापिकाएँ गहरी साँस लेकर कहतीं।

"बी.एड. का भी अब क्या होना है? सुना नहीं आपने, सरकारी कॉलेजों को बी.एड. नहीं दिया गया। प्राइवेट को बाँट दिया। कैसे करेंगी बी.एड. ये लोग? कितना महँगा हो जाएगा बी.एड.!"

"होगा क्या? जिनके पास पैसा होगा, जिनके माँ-बाप लड़की पर पैसा खर्च करने को तैयार होंगे, वे करेंगी बी.एड.।" तीनों अध्यापिकाएँ इस प्रश्न पर जूझने लगीं। उनके वश में कुछ भी नहीं था। सिर्फ और सिर्फ चिन्ता।

जिस लड़की को कुछ देर पहले चक्कर आया था, वह अब ठीक चलने लगी थी। ग्लूकोज पानी ने उस पर जादू का असर किया था। वह केवल चल ही नहीं रही थी, हँसने और बतियाने भी लगी थी।

"मिड डे मील कॉलेज में भी शुरू कर देना चाहिए।"

लीना चन्द्रा के मुँह से अनायास ही निकल पड़ा। इस पर अवन्तिका जी खीज उठीं, "हाँ। क्यों नहीं, क्लर्कों को एक और जगह मिल जाएगी, पैसा

मारने की। अभी आज के इस डे कैम्प के लिए कैसी मुश्किल से पैसे निकाले हैं।''

''हाँ, बहुत-सी लड़कियाँ इसी बन्द समोसा के लिए एनएसएस लेती हैं, बी.एड. के लिए नहीं।'' सविता रानी से रहा नहीं गया।

''इससे भी ज्यादा घर से बचने के लिए। छुट्टी के दिन हाथ जो बँटाना पड़ेगा।''

''खुली हवा में साँस लेना भी तो जरूरी है।'' लीना चन्द्रा ने मुस्कराकर कहा।

''मैं भी सोचूँ कि लीना तुम्हें कोई और बात क्यों न सूझी अब तक!'' अवन्तिका जी ने झुँझला कर कहा। फिर तीनों हँसने लगीं। उनके बातों में मशगूल होते ही लड़कियों की लाइन छितरा गई। दो लड़कियाँ एक दुकान की सीढ़ी पर बैठ गईं। अध्यापिकाएँ सजग हो उठीं। दौड़-दौड़कर फिर से लाइन बनवाने लगीं। लड़कियों को सीढ़ी पर बैठने के लिए हल्की-सी डाँट पड़ी और तसल्ली के शब्द उछाले जाने लगे।

''बस, पहुँच ही गए समझो।''

''बस, थोड़ी दूर रह गया है।''

''बहादुर लड़कियो! एनएसएस गीत गाओ।'' अध्यापिकाएँ गरजीं।

पहले अध्यापिकाओं ने शुरू किया, फिर लड़कियाँ शुरू हुईं। पहले कुछ मद्धिम, फिर थोड़ा तेज।

''हम होंगे कामयाब...

हो...हो...हो...मन में है विश्वास...एक दिन...''

जोश आने लगा था। गीत की ध्वनि तेज होने लगी थी। लोग जो चलते-चलते देख लेते थे, उनमें से कोई-कोई रुककर प्रसन्न भाव से घूरने भी लगा था।

''हम होंगे कामयाब...हो...हो...हो...एक दिन...पूरा है विश्वास...हो...हो...हो...मन में...''

दुकानवाले अपनी दुकानों से झाँकते हुए मुस्करा रहे हैं। दुकानों पर खड़े लोग भी एक नजर देखे बिना नहीं रहते। कोई-कोई कह पड़ता है, ''अरे भई, महिला महाविद्यालय का एनएसएस जा रहा है।''

कोई-कोई लड़की भी बीच में कह पड़ती, ''तमाशा लगने लगता है यार। बाजार के बीच से गुजरना, हाय राम!''

"मुझे तो मजा आ रहा है।" कोई दूसरी कहती।

"तू है ही ऐसी।"

"ऐसी मतलब क्या?" झगड़ा शुरू होने को होता।

"चल, रहने दे, रहने दे।" कोई शान्त भी कराने लगता।

"लेकर हाथों में हाथ...हो...हो...हो...एक दिन...हम चलेंगे साथ साथ...हो...हो...हो..."

तभी एक कुत्ता कहीं से दौड़ता हुआ आया और आँधी-तूफान की तरह उनकी लाइन के बीच में घुस गया। कुत्ता शायद कहीं दूर अपने किसी दुश्मन या साथी को पीटकर या उससे पिटकर भागा था। हाँफते हुए वह उसी काफिले के भीतर अपने को छिपा ले जाना चाहता था। लेकिन लड़कियाँ 'हाय, हाय' कर उठीं। कितनी तो डरकर इधर-उधर भागने लगीं। सड़क पर चलते वाहन घबड़ाकर रुकने लगे। कुत्ता चूँकि लाइन में पीछे की तरफ से घुसा था, इसलिए आगे की तरफ हलचल जरा देर में पहुँची और रह-रहकर एनएसएस संगीत चलता रहा।

"कुत्ता, हाय राम! कहाँ से आया?"

"बचाओ कुत्ता!"

"बाप रे, काट लेगा।"

"हरामी हट नहीं रहा है।"

"हट, हट, हट!"

"शू...शू...चल उधर चल!"

"लेकर हाथों में हाथ...हो...हो...हो...एक दिन..."

"अरे पीछे कुत्ता है!" आगे की लड़कियाँ थोड़ा-थोड़ा उछलने लगीं।

"चुप,चुप, मैडम देख रही है।"

"चल हट, तुझे हर जगह कुत्ता दिखता है।"

"रमना, पूरी कमीनी है जी।"

"कुत्तों के बारे में तू सोचती होगी, रमना केवल उसके बारे में सोचती है।"

"लड्डू पांडे! हा, हा, हा, वो बम्बई निकल गया क्या?"

"फालतू का मत बोलो। मैं नहीं बताती कहाँ गया।"

"हम चलेंगे साथ साथ...लेकर हाथों में हाथ...हो...हो...हो...एक दिन..."

''कहाँ है? कहाँ है?'' आगे की लड़कियाँ पीछे मुड़-मुड़कर देखने लगीं। कोई रुककर पीछे भाग रहा है, कोई पीछे से आगे।

''चलेंगे साथ साथ...लेकर हाथों में हाथ...''

''अपने-आप भाग जाएगा लड़कियो! कुत्ते को छोड़ो! गाते रहो।'' अध्यापिकाएँ अब तक कुत्ते को देख नहीं पाई थीं।

''लेकर हाथों में हाथ...''

''पालतू लग रहा है।''

''पहाड़ी है?''

''मिक्स्ड है।''

''मिक्स्ड ही होगा और क्या?''

''होंगे कामयाब...हो...हो...हो...''

''ऐ गर्ल्स! बात नहीं, गाते रहिए।''

''चला जाएगा कुत्ता।''

''कुछ नहीं करेगा जी।''

''चलो, चलो, सीधे खड़े हो।''

''ओये, ओये, प्रेमचन्द का जबरा है रे...'' कोई कुत्ते को पुचकार रहा है।

''साथ में चल रहा है, देख न!''

''डिसिप्लिड बॉय।''

''हा, हा, हा...''

''हो...हो...हो...मन में है विश्वास...''

''म्यूजिक बजेगा लाउड तो राधा नाचेगी...''

''हे, मैडम इधर ही देख रही है। उसकी नजर चील की तरह है।''

''हो राधा तेरा लहँगा, हो राधा तेरा झुमका...''

''यार, जो मन भाएगा वो गाएँगे न...''

''मैडम को लग रहा होगा कि हम एनएसएस गीत...''

''किसका मिक्स्ड होगा, बता न, बता न?''

''गहरा है विश्वास...''

''तो राधा नाचेगी...''

''कौन है ये? बन्द करिए फालतू गाना! यहाँ पिकनिक नहीं चल रही है।''

''ये मैडमें भी! बड़ी चालू हैं सब। लड़कियों का गला पकड़ना खूब जानती हैं।''

''अरे वो क्या कहते हैं, उसे बड़ावाला कुत्ता।''

''जर्मन शेफर्ड कहते हैं। उसका नहीं है।''

''तू कैसे कह सकती है?''

लड़कियों ने कुत्ते को अपना लिया है।

''चलेंगे साथ साथ...''

''नाच तू भी बाबू। एनएसएस गीत गा ले।'' वे कुत्ते को थपथपा रही हैं।

लय, ताल सब उखड़ चुकी है, पर चल रहा है, खिंच रहा है और ये लीजिए आखिरी पैरा तक आते-आते साँस खत्म।

'त्रिशायर होम' का बड़ा-सा गेट आ गया। लड़कियाँ उसे देखकर उत्साहित होने की बजाय कुछ बुझ-सी गईं।

''मैडम, इससे अच्छा तो हम महादेव मन्दिर तक मार्च कर लेते।''

''वहाँ क्या लेने जाती?'' लीना थोड़ा रूखी हो उठीं।

कुछ भी समझाओ, लड़कियाँ समझती ही नहीं। अपनी ही धुन है उनकी, अपना ही पागलपन।

''मैडम मैगी प्वाइंट है।'' यह कहकर लड़कियाँ हँसने लगीं।

''अरे चल, मैगी प्वाइंट बड़ा है कि मन्दिर? वहाँ रत्नों वाली दुकान बहुत बड़ी है।''

''मेरा तो वही मन्दिर है, मैगी प्वाइंट। सतवीर के साथ वहाँ जाकर मैगी खाना, यही तो एक चीज है जिन्दगी में, जिसके लिए मैं जान भी दे दूँ।'' बहुत धीरे से एक लड़की अपनी सहेली के कान में फुसफुसाई।

''महँगा है लेकिन असली माल रखता है। लिखा भी हुआ है, नकली साबित करनेवाले को एक लाख का ईनाम।''

''कहाँ की असली? एक बार रत्नों वाली उसी दुकान से मेरे मामा जी काले हिरन के सिंह और कस्तूरी लाए थे। बेचारे बहुत परेशान चल रहे थे उस समय। किसी पंडित ने बता दिया, बस, पैसा जोड़-जोड़कर खरीद लाए, लेकिन पता है, नकली निकला और जब कम्प्लेन करने गए तो उसके गुंडों ने सरेआम बहुत पीटा, कोई न आया बचाने, पुलिसवाले तमाशा देखते रहे।

आज तक मेरे मामा सीधा नहीं चल पाते हैं। पैसे दोनों तरफ से गए। पंडित अलग चम्पत हो गया।''

''सब मिले हैं अन्दर खाने। पंडित जी इसीलिए तो उसी के यहाँ भेजते हैं।''

''अन्धविश्वास में क्यों पड़ती हो यार!''

''लीना मैम, जहाँ हम लोग जा रहे हैं, वो जगह गन्दी है बहुत। कोई बीमारी तो नहीं छू जाएगी हमें? मेरी मम्मी पूछ रही थीं।''

''अरे नहीं बच्चो, उनकी बीमारी अलग है, प्रकृति ने ही उन्हें ऐसा बनाया है, जैसे कभी-कभी जन्म से ही किसी का कोई अंग कम हो या जैसे आँख न हो, या अँगुलियाँ पाँच की जगह चार हो जाएँ, कुछ उसी तरह इनके भी दिमाग में कुछ कमी रह गई है, तुरन्त प्रतिक्रिया नहीं कर पाना, काम के लिए तुरन्त दिमाग का आदेश नहीं ले पाना, तुम लोग देखोगी अभी कि वे जीने के लिए कितना संघर्ष करते हैं। चलो अन्दर!'' लीना ने कुछ समझाते हुए कहा।

''या...'' लड़कियों को विकृत-सा कुछ महसूस हुआ। लेकिन रेहान और नमिता दया भाव से भर उठीं।

''मैम, बच्चे हैं सब?''

''सभी उम्र के हैं। उनके दिमाग का विकास इतना धीमा है कि बड़े भी पाँच साल के बच्चे जितने हैं या आठ दस साल के।''

''बाप रे!''

''चलो, अन्दर चलो लड़कियो। कितना बतियाती हो तुम लोग!'' तभी सविता रानी का आदेश गूँजा।

''बताया था कि आप लोग आएँगे।'' दरबान गेट से कुछ दूर हटकर ऐसे खड़ा होकर निहारने लगा, जैसे उसने अपना सारा साम्राज्य इस काफिले के हवाले कर दिया हो और अब फकीर बना अपने ही दर को दूर से देख रहा हो।

गेट बड़ा था और भव्य भी, लेकिन भीतर की भव्यता बीत चुके युग की निशानी जैसी रह गई थी। भीतर घुसते ही लम्बा-चौड़ा अहाता दिखाई पड़ा। कुछ बिखरा-बिखरा-सा, कहीं झाड़-झंखाड़, कहीं घास-पात, कहीं-कहीं थोड़ा साफ कराया गया था, खासकर सामने की तरफ। बाकी सब उजड़ा-सा। आम और लीची के कई पेड़ लगे थे, लीचियों का मौसम आने को था, उन

पर बौरें झूल रही थीं। आम भी अपने को भूले से अपने छोटे-छोटे अमिया के भार से लदे गमक रहे थे। छोटी-छोटी बारीक मक्खियाँ उन पेड़ों के आस पास मँडरा रही थीं। उनके नीचे ढेरों ढेर पत्ते पड़े थे। लड़कियाँ धीरे-धीरे अन्दर आई थीं। रास्ते का शोर, उत्साह, चिलबिलपना सब जैसे गेट के बाहर छूट गया था। वे थोड़ा झिझकते हुए चपरासी की तरफ बढ़ीं। कॉलेज का चपरासी मनीराम कुछ पहले ही अपनी साइकिल पर बोरा लादकर पहुँच चुका था। उसने, आम के पेड़ के नीचे, बोरा खोलकर उसमें से कुछ खुर्पियाँ, तसला, कुछ दराँतियाँ बिखरा दिया था। किस तरह इतनी सारी चीजें साइकिल पर लादकर वह लाया था! यह चपरासी भी एनएसएस के साथ था। हालाँकि उसे एनएसएस से पैसे मिलते थे लेकिन फिर भी वह हर कैम्प का चार सौ रुपए अलग से लेता था। अगर न दिया जाए तो वह 'हाँ, आऊँगा' कहकर भी नहीं आता था। उसका सरकारी पैसा रोका नहीं जा सकता था। उसका दबदबा टीचरों से ज्यादा था। क्लर्क के साथ उसी की साझेदारियाँ थीं। यहाँ तक कि परम्परा ऐसी चली आ रही थी कि लड़कियों के खाने के लिए बन्द और समोसे का इन्तजाम भी क्लर्क ही करता, टीचर्स को साथ में चाय भी मिल जाती। एक भीतरी बात यह भी थी कि इसी बन्द समोसे के लिए ज्यादातर लड़कियाँ एनएसएस लेती थीं, बी.एड. वगैरह सब ऊपरी बात थी।

तो इस अलगवाले पैसे में से एक रुपया भी मनीराम खर्च नहीं करना चाहता था, इसलिए रिक्शा करने की बजाय साइकिल से ही जैसे-तैसे काम चला लेता था। इस काम चलाने में बहुत-से सामान कॉलेज में ही छोड़ने पड़ जाते थे। प्रति लड़की एक सामान नहीं आ पाता था, नतीजा कि कुछ लड़कियाँ हाथ से घास नोंचती थीं या हाथ से पत्ता उठाकर फेंकती रहती थीं। मैडम लोगों के लिए भी रिक्शा करवाना मुश्किल होता था। एक तो जोड़-घटाकर जैसे-तैसे वे हर 'डे कैम्प' पर उसे चार सौ रुपए देती थीं, ऊपर से रिक्शा का एक्स्ट्रा खर्च! जो भी अतिरिक्त खर्च होता, वह लड़कियों के खाने में से ही कटता। लड़कियों की ज्यादा उपस्थिति दिखाकर ये पैसा एडजस्ट होता। यह सब अध्यापिकाओं के हाथ में नहीं होता। क्लर्क और प्राचार्या ही इसे देखते। लीना को अपने एनएसएस के इस आखिरी साल में जाकर पता चला था कि कोई स्टेशनरी का भी पैसा एनएसएस को मिलता है। तीन साल एक अध्यापिका को अपना योगदान देना होता था। सभी को अपने सर्विस काल में एक बार

एनएसएस का चार्ज लेना ही पड़ता था। कम अध्यापिकाओं की वजह से अक्सर दो-दो तीन-तीन बार भी एक अध्यापिका को इसमें जूझना पड़ता। क्लर्क के खिलाफ बोलना अपनी नौकरी को मुश्किल बना लेना था। काश! महिलाओं को एकता का भी कोई पाठ पढ़ाया जाता तो कम से कम कुछ मुद्दों पर तो वे साथ खड़ी हो पातीं और क्लर्क की कुछ हालत पतली हो पाती, पर वे तो जल्दी से अपना काम खत्म कर घर भागकर पहुँचना चाहती थीं, इसलिए कि रोटी बना सकें, समय पर घर के लोगों को खाना मिल सकें। बच्चों को अकेले न रहना पड़े। अभी तक भी छोटे शहरों में नौकरी करने-वाली औरतों को खाना बनानेवाली रखने की छूट नहीं मिली थी। खाना बनाने-वालियाँ मिलती भी नहीं थीं वहाँ। तो ये सब ऐसे महान काम थे, जिनके कारण अध्यापिकाओं को फुर्सत नहीं थी कि वे लड़कियों के खाने के पैसे के झगड़े में पड़कर अपना चैन खो दें!

तो वही मनीराम चपरासी बोरे से खुर्पी, दराँती, तसला निकालकर लड़कियों को पकड़ाने लगा।

"चलो, लड़कियो, लग जाओ काम पर।" आगे वह 'हसीनाओ' कहना चाहता था। हाव-भाव से कहा भी। अभी भी कुछ सामाजिक दबाव ऐसे थे ही कि वह खुलकर लड़कियों को 'हसीनाओ' नहीं कह पाया। लड़कियाँ धीरे-धीरे खुर्पी, तसला वगैरह उठा कर चल देतीं और किसी एक तरफ घास पर झुक जातीं। किसी एक ही तरफ ज्यादा लड़कियाँ चली जातीं और झुंड बनाकर अपनी बातों का छूटा सिरा पकड़ने लगतीं। तभी कोई न कोई अध्यापिका टपक पड़ती, "सब यहीं आ गईं, कुछ उधर चलो।"

उसी समय बिल्डिंग के भीतर से सुजाता जी निकलकर आईं और हाथ जोड़कर बड़े विनम्र भाव से अध्यापिकाओं से मिलीं। लड़कियों को देखकर खुश हुईं, फिर बोलीं, "अच्छा हुआ आप लोग आए, यहाँ के लोग कुछ तो खुश हो सकेंगे।"

सुजाता जी यहाँ का कार्यभार सँभाले हुए हैं, जो असली डायरेक्टर हैं, वे प्रायः ही शहर के बाहर होते हैं। कुछ दूसरे कामों में व्यस्त। शायद प्रापर्टी डीलर का भी कुछ काम करते रहते हैं। इस काम से उनका गुजारा मुश्किल हो जाता है। उनके बच्चे भी अब बड़े शहरों के बड़े कॉलेजों में पढ़ने जाना चाहते हैं। क्या करें, सबकी अपनी-अपनी दिक्कतें हैं!

इस बिल्डिंग को भी किसी अंग्रेज ने बनवाया था। कितनी पुरानी थी यह! लड़कियाँ इसके पत्थरों पर पड़ी तारीख पढ़ने की कोशिश कर रही थीं। किसी-किसी पुरानी टाइल्स पर लिखा मिल जाता था 1928, तो लड़कियाँ उसे लेकर दौड़ आतीं किसी न किसी टीचर के पास।

''मैम, देखिए, कितनी पुरानी है। सच में, अब तक खराब नहीं हुई।''

''मैम, क्यूँ बनवाया उस अंग्रेज ने यहाँ, ये होम?''

अब लीना को बोलना पड़ा, ''आदमी के भीतर करुणा का किसी जाति-धर्म से सम्बन्ध नहीं होता। बच्चो, वह मनुष्यता से जुड़ी होती है। उस अंग्रेज के भीतर भी करुणा रही होगी, मानवता के प्रति, इसलिए उसने एक ऐसा काम किया, जिसके बारे में हिन्दुस्तान में तब कोई सोचता तक नहीं था। मानसिक विकलांगता केवल पागलपन मानी जाती थी। बच्चा पागल पैदा हुआ है, दिमाग नहीं है उसके पास, यही माना जाता था, इस पर कोई ध्यान नहीं था कि ऐसे बच्चों को कोई अतिरिक्त देखभाल भी चाहिए। ऐसे में किसी अंग्रेज का यह केयर होम तैयार करना बड़ी बात थी।''

''हाँ, मैम, मैं तो पहले जानती ही नहीं थी इन बच्चों के बारे में, बेचारे!''

''कितने भोले-भाले हैं मैंम ये!''

लड़कियों की रुचि थोड़ा-थोड़ा जागने लगी है। वे उस अंग्रेज का नाम छूकर मानवता की वृहत्तर परिधि में अपने आप को कुछ-कुछ शामिल-सा पा रही हैं।

''पहले यहाँ बहुत कम बच्चे थे। धनवान लोग ही अपने मानसिक विकलांग बच्चे ऐसी जगह रखते थे। पैसे भी खूब दे जाते थे। इसीलिए इसकी बिल्डिंग देखो, कितनी बढ़िया बनी है!''

''गरीब के ऐसे बच्चे कहाँ जाते थे, मैडम?'' रेहाना विचलित हो उठी।

''उन्हें ऐसी जगहों के बारे में पता ही क्या होता होगा।'' नमिता ने बात काटी।

''नमिता की बात भी ठीक है, उन्हें पता ही नहीं होता था। हमारे समाज में शिक्षा गरीबों के हिस्से अभी भी कितनी है? चेतना कितनी है? अवेयरनेस नहीं, तो कैसे लाएँगे ऐसी जगह अपने बच्चे? अब कुछ स्थिति बदलने लगी है, तमाम सामान्य परिवारों के बच्चे भी यहाँ हैं। लेकिन अब पैसा नहीं है। सामान्य परिवार पैसा नहीं दे सकते। कोई-कोई देता है, कोई धन्ना-सेठ

विदेशों से भी पैसा भेज देता है, इसी तरह काम चलता है यहाँ का।''
सुजाता जी एकदम से आगे बढ़ आईं। उन्होंने सबको अन्दर चलकर देखने को कहा।

''सरकार क्या करती है?'' रेहाना अपनी कमअक्ली में भी अक्ल का इस्तेमाल किए बिना नहीं मानती!

इस पर कोई कुछ नहीं बोला।

सन्नाटा!

कौन बोले?

किसके बूते का है ये बताना!

तीनों अध्यापिकाओं के साथ कुछ लड़कियाँ साँस थामे अन्दर घुसीं। अन्दर जाते ही रिसेप्शन और मुख्य हॉल था, जिसमें किसी जमाने के कीमती सोफे पड़े थे। रख-रखाव की व्यवस्था शायद पहले बहुत रही होगी, अब उतनी नहीं लग रही थी। फिर भी 'होम' साफ-सुथरा था। नताशा और रेहाना थोड़ा पीछे थीं। यही तीन-चार लड़कियाँ कॉलेज में बहुत सक्रिय रहा करती थीं तो उन्हीं का नाम हरदम अध्यापिकाओं के मुँह पर रहता। नमिता इन्हीं में से थी। इस बार भी तपाक से लीना ने रेहाना को साथ आने को कह दिया, बल्कि यह भी कि और लड़कियों को भी बुला लो। सभी एक साथ तो नहीं अन्दर आ सकते पर कुछ लोग आ जाएँ। बाकी छोटे-छोटे ग्रुप में आते रहें तो ठीक रहेगा। नताशा और नमिता ने हाथ उठाकर, चिल्लाकर लड़कियों से ग्रुप बनाने को कहा और मैम के पीछे चिपक गईं।

हॉल के चारों तरफ दरवाजे थे, उनके अन्दर छोटा गलियारा, गलियारे में दोनों तरफ दो-दो कमरे, इस तरह हर दिशा में चार कमरे, इन्हीं कमरों के पीछे ढेर सारे टॉयलेट और पीछे की तरफ टीन की छतें, छपरें भी पड़े हैं। इनमें भी कुछ कामधाम करनेवाले लोग रहते हैं। टीन के दरवाजे से बन्द हैं ये। कहीं से ठीक-ठाक पैसा आए तो इन्हें पक्का करा देंगे, पर ऐसा कई बरस से सोचा जा रहा है, हो नहीं पा रहा, कहीं से पैसा आए तब न! सुजाता जी चिन्तित हैं। अपनी चिन्ता की मुद्रा को बनाए हुए ही बताती जाती हैं, ''इनमें बहुत क्रिएटिविटी है, अभी दिखाती हूँ कि किस तरह इन बच्चों ने ग्रीटिंग कार्ड्स तैयार करने में मदद की है। उस तरह के परफेक्ट नहीं हैं, लेकिन अच्छे हैं।

बाजार में कहीं-कहीं लगवाते हैं, इस बार नहीं लग पाया, उतना बन ही नहीं पाया था, फिर भी कुछ तो है, आप लोग भी खरीद सकती हैं, कुछ आर्थिक मदद हो जाती है।'' सुजाता जी ने किसी को आवाज देकर ग्रीटिंग कार्ड निकालकर रखने को कहा। उधर कमरों में एक अजीब-सी हलचल लग रही थी। कुछ लोग इधर हाल में निकल आने को मचल रहे थे। कमरों के दरवाजे खुले हुए थे। कई जोड़ी आँखें हिल रही थीं। एक बच्चा अपने जूते हाथ में लिए हाल की तरफ कैसी गिरती-गिरती चाल से चला आ रहा था। वह जूता पहनना चाहता था। उसने कपड़े भी बहुत ठीक से पहन रखे थे।

''रुको सुमन्त, अभी पहनाती हूँ।'' सुजाता जी के इशारे पर, वहीं काम करनेवाली एक स्त्री दौड़कर आई और उसे जूता पहनाने लगी।

''पता है, जरा-सी बाहर हलचल हो और इन्हें पता चल जाए तो सुमन्त जूता पहनकर तैयार होने लगता है।'' सुजाता जी हँसीं।

''और इन्हें दखो, हमारे वीर हनुमान। प्रिंस नाम है इनका।'' सुजाता जी ने पास खड़े बच्चे को पुचकारा। प्रिंस दोनों हाथ उठाए अपना सन्तुलन साधते अपने को कुर्सी से उठा लेना चाहते थे। किसी के मुँह से लार बही जा रही थी, सुजाता जी ने बिना किसी हिचक के झट से टेबल पर पड़े रूमाल से पोंछ दिया। एक बच्चा खाना खा रहा था, उसे एक स्मार्ट-सी लड़की खाना खिला रही थी। लड़की अपने काम में इतनी मगन थी कि उसने कुछ देर बाद हमें देखा। बच्चे के मुँह से खाना इधर-उधर गिर जाता, इस बार सुजाता जी ने बिना रूमाल उठाए अपनी साड़ी के पल्लू से ही बच्चे का मुँह पोंछ दिया। लड़की अपना काम रोककर देखने लगी, फिर मुस्कराने लगी।

''ये नर्मदा है, इंजीनियरिंग कर रही है। छुट्टी में घर आती है तो कभी-कभी अपना कुछ समय यहाँ देती है। हमारी मदद करती है। फ्री सोशल सर्विस कर रही है। बहुत दयालु है। जल्दी ही इसकी नौकरी लग जाएगी।'' सुजाता जी ने लड़की की तरफ देखकर बहुत मुलायम स्वर में कहा। अध्यापिकाओं के पीछे खड़ी लड़कियाँ हिल गईं। रेहाना तो बस टुकुर-टुकुर देखे जा रही थी। नमिता का दिल हुआ कि इस स्मार्ट दिखनेवाली लड़की के पाँव छू ले, कैसा नेक काम कर रही थी वो और एक हम सब हैं, जानते तक न थे। भाव-भरी आँखों से वह नर्मदा को देखे जा रही थी।

''हे प्रभु, यह भी एक दुनिया है।'' रेहाना बुदबुदाई।

"अरे मैम, अगर इसी शहर में नौकरी मिली तो आती रहूँगी।" नर्मदा मुस्कराई।

"कहाँ अब तुम हमें मिलोगी, डियर, दिल्ली चली जाओगी। तुम्हारे लिए दिल्ली ही ठीक है।"

"तो भी मैम, घर तो आऊँगी न।"

अब सुजाता जी ने उसकी पीठ सहला दी। स्नेह की इस अनुभूति से नर्मदा मुस्करा उठी।

नमिता से अब रहा न गया, वह नर्मदा के पास खिसक आई, सटकर बोली, "दीदी, आप कितनी अच्छी हो। आपसे फिर कैसे मिल पाएँगे? अपना कोई फोन नम्बर दे दो।"

नर्मदा धीरे-धीरे अपना नम्बर बोलने लगी और नमिता अपनी हथेली पर लिखने लगी।

इधर भीड़ से निकलकर तपस्या नाम की लड़की नताशा का हाथ पकड़कर लीना चन्द्रा के आगे आकर खड़ी हो गई।

"मैम, क्या हम भी नर्मदा दी की तरह यहाँ कुछ काम कर लें। मतलब इन बच्चों के साथ बातचीत, इनका कुछ काम..."

लीना मुस्करा उठीं। हाथ के इशारे से कहा, "जीओ मेरे बच्चो! कारगर हो गई मेरी इच्छा। जाओ, करो, बस, ध्यान रखना कि ये लोग बहुत सेंसिटिव हैं।"

लड़कियाँ मगन हो उठीं। कोई हाथ पकड़कर किसी बच्चे को बाहर लाने की कोशिश करने लगा, किसी ने उनका मुँह पोंछा, किसी ने नाक पोंछ दी, किसी ने कपड़े पहना दिए, किसी ने चप्पल पाँव में डाल दी, किसी ने बाल सँवारे, किसी ने पानी पिला दिया, किसी ने खाने की थाली पकड़ ली, चम्मच से उठा-उठाकर उनके मुँह में किस सावधानी से डालने लगीं। पूरा दृश्य बदल गया। लीना अपनी साथी अध्यापिकाओं के साथ बाहर आकर लीची के पेड़ के नीचे बने चबूतरे पर बैठ गईं।

"लड़कियों को देखो, कैसे बदल गईं!" अवन्तिका जी ने कहा।

"मैंने तो कभी यह सब नहीं देखा था। अपना जीवन किसी वरदान से कम नहीं लग रहा है।" सविता रानी बोल पड़ीं।

"उसे देखो, नर्मदा को, इंजीनियरिंग करनेवाली लड़की। हमसे ज्यादा समझदार है, क्यों लीना?" अवन्तिका जी विचलित थीं।

"हाँ, अवन्तिका दी, हम लोग अपना जरा-सा समय किसी अलग काम को नहीं देना चाहते। यहाँ आकर आँखें खुल जाती हैं। मन होता है अपना पूरा जीवन लगा दो इसमें। लेकिन कहाँ हो पाता है।"

"बात ठीक है, पर कभी-कभी कुछ समय देना चाहिए।" लीना भावुक हो उठीं।

"अब लग रहा है कि लीना, तुमने ठीक किया।" अवन्तिका जी बोलीं।

लड़कियाँ चहक रही हैं। पता नहीं क्या-क्या बात कर रही हैं! उन बच्चों को खुश करने के लिए वे तरह-तरह के नाटक में लगी हैं। अब किसी का मन नहीं है घास छीलने का। हर बार घास ही तो छीलती हैं, इस बार नहीं! इस बार कुछ नया!

इस बार सचमुच जीवन!

तीनों अध्यापिकाओं ने भी आज छोड़ दिया है लड़कियों को, जाओ, करो अपने मन की। वे अपने में ही बातें किए जा रही हैं, जीवन के फलसफे को समझने की कोशिश कर रही हैं। सुजाता जी अपने कुछ काम से अन्दर ही बैठी हैं।

लड़कियाँ तरंग में हैं। एक लड़की उठी और एनएसएस गीत की कुछ पंक्तियाँ गाकर सुनाने लगी। कुछ ही पंक्तियों के बाद नमिता ने उसे रोक दिया। वह कुछ दूर पर एक बच्चे की पैंट की बेल्ट ठीक कर रही थी, वहीं से उस बच्चे की अंगुलियाँ पकड़ कर कुछ थिरकते हुए बोली, "नया गाना गाओ। म्यूजिक बजेगा लाउड तो राधा नाचेगी।"

नमिता हल्का-सा नाच भी उठी। हँसी की लहर ताजा हवा की तरह रह-रहकर तिरने लगी। अब तक सारे बच्चे बाहर आकर पेड़ के नीचे चबूतरों पर और हॉल की बाहरी सीढ़ियों पर बैठ गए थे। उनके चेहरे पर धीरे-धीरे एक आह्लाद भरता हुआ दिख रहा था। उनमें से कोई-कोई अपने हाव-भाव से प्रकट करने की कोशिश भी कर रहा था। एक हाथ उठाकर 'गों..गों...' की आवाज निकालकर एक बच्चा चिल्ला रहा था, उसके मुँह से लार बहती जा रही थी। एक लड़की अन्दर से तौलिया उठा लाई थी, वह उसके हर 'गों...गों...' पर उसकी लार पोंछ देती थी। नमिता को जोश आ गया है, गाने पर गाने उसे याद आते जा रहे हैं। रेहाना ने भी अपना दुपट्टा कमर में बाँध लिया है, अब वह पुरुष बन गई है। नमिता ने दुपट्टा सिर पर ओढ़ लिया है, वह नायिका बनी इठला रही है।

गाना शुरू हो चुका है :

जा रे पीछा छोड़ मुझ मतवाली का...
काहे ढूँढ़े रास्ता कोतवाली का...

"लड़कियों को इसी में मजा आता है।" हँसकर अवन्तिका जी बोलीं। इस पर तीनों अध्यापिकाएँ हँसीं।

"लड़कियों का ये रूप तो हमने जाना ही नहीं था।"

"मुझे लगता था कि लाऊँ इन्हें एनएसएस के बहाने। पर इनमें ऐसा जीवन राग...मुझे भी नहीं पता था। आप दोनों ने मेरा साथ दिया। शुक्रिया, शुक्रिया।" लीना ने थोड़ा भावुक होकर कहा। इस पर अवन्तिका जी ने उसका हाथ पकड़ लिया। एनएसएस की कमान लीना के बाद अगले बरस उन्हीं के हाथों में आनी थी। सविता रानी ने भी हल्का-सा कन्धा छू कर थपका दिया। सब अचानक घुल-मिल गए थे। एक हो गए थे। कॉलेज के सब राग-द्वेष जाने कहाँ बह गए थे। अवन्तिका जी का बड़े होने के बावजूद देर से एनएसएस ज्वाइन करने और अपने जूनियरों के नीचे हो जाने का कटुता-भरा भाव, जिसके कारण वे कोई भी बात आसानी से नहीं मानती थी, अभी इस क्षण तिरोहित हो गया था।

"मैं तुमसे ऐसी जगहों का पता पूछा करूँगी, लीना।" अवन्तिका जी इतनी सहृदय हो उठीं, जैसी पहले कभी किसी ने उन्हें नहीं जाना था।

लड़कियों ने उनकी बगल के चबूतरे पर लाकर एक मानसिक विकलांग लड़की को बैठा दिया है। वह खुशी से पता नहीं कितनी बात करना चाहती है। कुछ साफ-साफ बोल रही है लेकिन बहुत गैप कर-करके। लड़कियाँ उसकी बात से कोई कहानी बना लेना चाहती हैं, वे उसके पैर से निकलकर नीचे छूट गई चप्पल को जमीन पर पूरा बैठकर उसके पैर में पहना रही हैं। यहाँ ऐसे बच्चों में सिर्फ दो लड़कियाँ हैं, दोनों ही बहुत छोटी हैं। एक बच्चा, जो सामान्यत: उम्र में पच्चीस-तीस साल का रहा होगा, पर औसत में सात आठ का ही था, सीढ़ियों पर बैठा बहुत देर से टुकुर-टुकुर देख रहा था, कभी-कभी हाथ उठाकर नृत्य की कोई भंगिमा पकड़ने की कोशिश भी करता। साँवला सलोना युवक। युवक ही कहलाता, अगर... । भोलापन दिपदिपा रहा है। लड़कियों के लिए वह न जाने क्या हो गया है कि कोई न कोई आकर बेझिझक उसे चूम लेती हैं। नमिता का हाथ उसने पकड़ लिया है। और देखो

कि नमिता भी कम नहीं है! अपना हाथ छुड़ाना भूलकर उसे नाचने का कोई स्टेप सिखाने की कोशिश में लग गई है!

"म्यूजिक बजेगा लाउड तो राधा नाचेगी..."

और साँवला सलोना युवक नाचने की बेतरह कोशिश में लगा है, हाथ उठाकर, थोड़ा-सा अपनी कमर लचका कर...पैर कमबख्त! जल्दी से आगे नहीं बढ़ रहे तो क्या, तो क्या, नृत्य जारी है...

"अरे, अरे, बेचारे को तंग मत करो। नॉटी गर्ल्स!" लीना जब तब उन्हें रोकतीं, पर लड़कियाँ! वे इठलाकर इधर-उधर हो जातीं। अध्यापिकाएँ हँस कर कहतीं, "लड़कियाँ, पगली हैं सब के सब।"

समय सरका जा रहा है। लीना ने सविता रानी की तरफ देखा, जिसका अर्थ था—' तीन बज रहे हैं, लड़कियों को अब इनका बन्द समोसा दे दिया जाए और आज का दिन पूरा।' सविता रानी ने उठकर पुकारा, "चलो भाई, अब बाकी अगली बार के लिए। लाइन लगाओ लड़कियों।" फिर चपरासी को खोजा गया, "मनीराम। अरे मनीराम।"

इतनी हलचल के बीच मनीराम कैसे गहरी नींद सो सकता है। होता है भई, ऐसे लोग भी दुनिया में हैं जिन्हें न व्यापे जगत गति! आखिरकार मनीराम आहाते के किसी कोने से उठा और आते ही चिल्ला पड़ा, "मैडम, तोताराम समोसे देने नहीं आया। एक नम्बर का..."

"ठीक है, ठीक है मनीराम, तोताराम स्कूटर से बीच में आकर दे गए थे। आप पता नहीं कहाँ थे। अब निकालकर लड़कियों को बाँटिए।"

"और मैडम, आप लोगों की चाय यहाँ कहाँ से आएगी?" अचानक मनीराम अपनी ड्यूटी की याद से भर गया।

"बस, जरा आँख लग गई। यहाँ अच्छी हवा थी।"

"तुम्हारी आँख कहीं भी लग जाती है, मनीराम। चलो, अब काम करो।" अवन्तिका जी थोड़ा सख्त हुईं। लड़कियाँ लाइन में आना नहीं चाह रही हैं। मनीराम उन पर चिल्ला रहा है। सुजाता जी बाहर निकल आई हैं।

"मैम, हम फिर यहाँ नहीं आ सकते?"

"मैम, हम और नहीं रुक सकते?"

"मैम, अगला कैम्प यहीं होगा।"

"बस, मैम, हाँ करिए।" रेहाना कभी-कभी दादागीरी पर भी आ जाती है।

लीनाचन्द्रा हँस पड़ी हैं।

"देखो, अगला भी कुछ अच्छा ही होगा।"

"मैम, आज लगा कि हमने कुछ किया है।"

लड़कियाँ तरह-तरह से अपना दिल खोलकर रख देना चाहती हैं। जैसे अचानक उनके निरुदेश्य से जीवन में कोई लौ जल उठी हो! वे अपने-अपने हिस्से का बन्द समोसा लेती जाती हैं और कुछ न कुछ कहते हुए 'टा...टा... बाय...बाय...' करते हुए, लाइन से बेखबर गेट से बाहर निकलती जातीं।

गेट का बड़ा-सा जबड़ा खुल गया था।

जाना अब टाला नहीं जा सकता।

"झु...म...का...गि...रा...रे..." साँवला-सलोना युवक अपना एक हाथ हल्का-हल्का घुमाकर, पूरे जी-जान से गा उठा। गाना क्या था, गााने की कोशिश थी, पर सब रुक गए। एकदम सन्नाटा। सुजाता जी सबको 'टा-टा' 'बाय' कर रही थीं, उधर घूम गईं।

यह गाना तो किसी ने नहीं गाया था!

"न...मि...मि...त..." वह अपनी जगह से उठ कर हल्का सा झुककर घूम गया।

"ब...ब...रे...रे...ली...ई...ई...के...बा बा...जा...र...में..."

"झुमका गिरा रे..." नमिता पलटी और नाच उठी।

फिर...फिर...फिर...

इन दिनों

इन दिनों वे खूब स्वस्थ-प्रसन्न रहने के प्रयत्न में लगे रहते हैं। सुबह-सुबह उठकर नीले रंग का बढ़िया-सा ट्रैक सूट पहनते हैं, वही वाला, जो बेटा पिछली बार अमेरिका से लाया था। वैसे अब ऐसा क्या रहा ही जो इंडिया में न मिल जाए, पर फिर भी 'बेटा अमेरिका से लाया है'—इस बात में ही खूबी है। कैसे फटाफट निकल गया बारहवीं करते ही, पहले आई.आई.टी. फिर विदेश। है कोई इतना भाग्यवान! वे मन-ही-मन मुस्कुराते हैं। उनके खानदान भर में तो पहला ही है जो अमेरिका कमाने निकल गया। वह भी ऐसे-वैसे नहीं, कम्पनी आकर लिवा ले गई। वे फिर मन-ही-मन मुस्कुराए। इस तरह हर रोज इस ट्रैक सूट को पहनते हुए वे मन-ही-मन मुस्कुराना नहीं भूलते हैं। इतना खूबसूरत अहसास सुबह-सुबह हो जाए तो दिन अच्छा गुजरता है, ऐसा वे मान लेते हैं। फिर अपने-आपमें कुछ गुनगुनाते हुए (भजन नहीं, कोई फिल्मी गीत) सीधा अपने घर के पास वाले पार्क में चले जाते हैं। टहल-टहलकर कुछ देर हल्के-फुल्के व्यायाम करते हैं फिर बेंच पर बैठकर बस थोड़ी देर मसलन, लगभग दस मिनट योग-साधना। इतना बहुत है, वे सोचते हैं। भई, जितने में अपने को खास तकलीफ न हो, उतना ही यह सब ठीक, बाकी की चिन्ता उन्हें क्यों व्यापे? अपनी सब जिम्मेदारियाँ उन्होंने समय पर निपटा ली हैं। लड़की की बढ़िया शादी की, वह भी विदेश चली गई। लड़के के शादी-ब्याह से निबट चुके हैं। अब ही तो समय आया है उनके इत्मीनान से जीने का। अच्छी पेंशन मिल रही है, जीने लायक काफी है।

वे पार्क की बेंच से योग-साधना करके उठ गए और धीमी आरामदेह चाल के साथ घर की ओर बढ़े। तभी उन्हें ध्यान आया कि उन्हें धीमी चाल

नहीं रखनी थी, यह समय तो तेज चलने के लिए उन्होंने तय किया था। तुरन्त उन्होंने अपनी रफ्तार बढ़ा दी। तेज कदमों से लगभग दौड़ने की तरह चलते हुए घर पहुँचे। इस बीच मोहल्ले के कई लोग मिले, लगभग सभी ने प्रशंसा की नजर से उन्हें देखा। वर्माजी तो अपना दौड़ना रोककर उनके पास चले आए और बोले बिना न रह सके, "भई, आपका रूटीन लाजवाब है। कभी ब्रेक नहीं होता। एक मैं हूँ जब-तब अलसा जाता हूँ। डॉक्टर ने कह दिया है टहलने को तब भी अक्सर टाल जाता हूँ। आपको तो ऐसी जरूरत भी नहीं। भई, फिट रहना सीखना हो तो कोई आपसे सीखे।"

वे ऐसे तारीफ के समन्दर में अक्सर तैरते हुए घर तक पहुँचते हैं। घर पहुँचते ही चाय तैयार मिलती। इसमें कभी देर नहीं होती। इधर हाथ-मुँह धोकर लौटे कि सामने चाय की प्याली मिली। प्याली देखकर वे मगन हो जाते। उनकी प्याली एकदम सफेद रंग की होती। खास उनकी पर्सनैलिटी से मेल खाती हुई। उस प्याली के पीछे खड़ा व्यक्ति, उसकी सफेदी के आगे धुँधला जाता। एक धुँधली आकृति प्याली के पीछे से लौट जाती। तब वे अखबार पढ़ने लगते।

अखबार वे मन से पढ़ते। कम-से-कम घंटे भर का समय तो इसकी भेंट चढ़ ही जाता। इस बीच एक कप और चाय। फिर नहाना-धोना, फिर बहुत हल्का-सा नाश्ता। अक्सर दूध-कॉर्नफ्लेक्स से उनका काम चल जाता। कभी कुछ फलाहार। रिटायरमेंट के बाद खाने को लेकर भी वे काफी सतर्क हुए हैं। सुबह-सुबह ढेर-सा खाना, अब नहीं, अब तो बस हल्का-सा। दोपहर के भोजन तक खुलकर तेज भूख लग आती है, तब तक पत्नी उनकी पसन्द का खाना लगा ही देती हैं। पसन्द का खाना कहने से लजीज व्यंजनों की कल्पना करना व्यर्थ होगा, क्योंकि यहाँ तो तेलरहित भोजन है, जो स्वास्थ्यवर्धक है, साथ ही पत्नी ने इसे बनाने में इतनी महारत हासिल कर ली है कि अब यह लजीज से कुछ कम नहीं कहलाएगा।

खैर, तो वे अखबार पढ़ने बैठे थे। पहले नौकरी की भागदौड़ में कभी इतना वक्त नहीं बचता था कि इत्मीनान से खबरों को पढ़ें, पर अब वे एक-एक खबर पर नजर डालते हैं। फिर तय करते हैं कि किसे पहले पढ़ा जाए। कभी-कभी तय करना भूलकर किसी ऐसी खबर पर नजर पड़ जाती है कि आप-ही-आप पढ़ने लग जाते हैं। दुनिया में कहाँ क्या चल रहा है, इसका ज्ञान पहले भी रखते थे, पर अब तो पूछिए मत! खैर, तो वे पढ़ रहे हैं और

मगन होकर पढ़ रहे हैं। इसी बीच 'चाय का एक कप और मिल जाए' की इच्छा बलवती हो उठी। उन्होंने बिना सिर उठाए पत्नी को आवाज दी। उत्तर में कोई ध्वनि नहीं सुनाई पड़ी। इस पर उनका ध्यान नहीं गया। तभी 'नमस्ते' की आवाज से उन्हें सिर उठाकर देखना पड़ा तो सामने वर्माजी खड़े थे। वर्माजी ने पहले ही कह दिया कि रुकेंगे नहीं, बस, चलते-चलते वे दिख गए तो सोचा, हाल-समाचार पूछ लिया जाए। हाल-समाचार शुरू हुए तो दोनों के अपने दायरे को पार कर गए और मोहल्ले के समाचारों की तरफ चले गए। तभी उन्हें ध्यान आया कि चाय को कहे कुछ वक्त बीत गया है। उन्होंने फिर आवाज लगाई और इस बार एक की बजाय दो कप कहा। इस बार एक हल्की-सी ध्वनि आई, जो चाय बन जाने की स्वीकृति जैसी थी। वे निश्चिन्त हो गए। बात मोहल्ले की शुरू हो गई थी।

"अरे भई, शर्मा जी तो बीवी के बिना सुबह सैर करने निकलते नहीं। जिस दिन मिसेज शर्मा नहीं जाती हैं, वे भी टाल जाते हैं।"

इस बात में शर्मा जी का उपहास छिपा था। दोनों दोस्त हँसे। हँसने के लिए ही यह बात कही जाती थी। 'शर्माजी बीवी के गुलाम हैं', इसका भाव कुछ इस तरह बनता था।

हँसते-हँसते उन्होंने कहा, "हाँ, जोरू की पूँछ पकड़े बिना कुछ लोगों का कोई काम नहीं होता।"

फिर इसी कारण शर्माजी के व्यक्तित्व को लिजलिजाकर वर्णित किया गया कि वे कब-कब, कहाँ-कहाँ बीवी के साथ दिखते हैं। सिर्फ इसीलिए तो उनकी मित्रमंडली में शर्माजी शामिल नहीं हो पाए हैं। मुसीबत है, ये गले में बीवी को माला की तरह लटकाकर घूमना। माला नहीं, 'तमगा'।

"तमगा किस चीज का भई?" कहकर वर्माजी ठहाका लगाने लगे।

तभी 'नमस्ते' करके उनकी पत्नी चाय रख गई। चाय पीकर वर्माजी चले गए तो वे थोड़ा तेजी से अपना रूटीन वर्क निपटाने के लिए मचले। आज वर्माजी के आ जाने से थोड़ी देर जो हो गई थी। उन्होंने इधर-उधर तौलिया खोजा, पर नहीं मिला। खीजकर पत्नी को आवाज दी, "तौलिया।" आवाज का कोई उत्तर नहीं आया तो वे भीतर चले आए। देखा तो पत्नी डाइनिंग टेबल के किनारे वाली कुर्सी पर बैठी थीं। इस पर वे थोड़ा गुस्सा उठे, "ये क्या यहीं बैठी हो, आवाज दे रहे हैं तो सुन नहीं रही हो!"

पत्नी ने सिर उठाकर देखा। पीड़ा की रेखाएँ उनके चेहरे पर बहुत साफ थीं।

"क्या हुआ? मुँह क्यों लटकाए हो?"

"तबीयत कुछ ठीक नहीं लग रही है। पता नहीं, गैस चढ़ गई है कि क्या है?" पत्नी ने बमुश्किल कहा।

"अरे, चढ़ गई होगी गैस, कौन-सी नई बात है! जाओ, जाकर अजवाइन, हींग-वींग खा लो, जो खाती हो। अच्छा, तौलिया किधर है?"

"वहीं..." पत्नी ने मुश्किल से हाथ से इशारा किया। यह इशारा उनके कमरे और अलमारी की तरफ रहा होगा, ऐसा मानकर वे अपना तौलिया लेने कमरे में चले गए। तौलिया लेकर नहाने चले गए। नहा आए तो भी पत्नी वहीं बैठी थीं। अब उनका धैर्य चूकने लगा। यह औरत कहने पर भी बात नहीं मानती! वे गुस्से में निकट आए।

"जाओ, जाकर लेट जाओ थोड़ी देर। यहाँ पड़े रहकर क्या होगा?"

पत्नी की कोई आवाज नहीं आई। तब वे निकट आए। हाथ से उन्होंने पत्नी को छुआ। अब पत्नी ने हल्का-सा सिर टेबल पर से उठाया।

"अजी, कुछ हो रहा है। सिर चकरा रहा है। और देखिए, ये पूरा अकड़ रहा है। दर्द यहाँ से उठ रहा है।" धीरे-धीरे पत्नी ने अपने दिल से कन्धे तक हाथ फिराते हुए कहा।

"अच्छा, चलो, उठो, यहाँ से। जाकर थोड़ी देर लेट लो। कहता हूँ तो सुनती नहीं हो।" उन्होंने हाथ के इशारे से पत्नी को हुक्म-सा दिया। कुछ कदम आगे बढ़े, फिर कुछ सोचकर लौट पड़े।

"चलो, अभी उठो, यहीं सो गईं तो लुढ़ककर गिर जाओगी। राम नाम सत्य हो जाएगा।" उन्होंने पत्नी को कन्धे से सहारा दिया। पत्नी को वे अक्सर ही जरा-सा किसी काम में लेट होने पर 'राम नाम सत्य हो जाने' का ताना दिया करते थे। तब वे थोड़ा नाराज होकर शुभ-शुभ बोलने को कहतीं। कभी-कभी नहीं भी कहतीं। एक दिन तो झल्लाकर कह पड़ीं कि 'क्यों ऐसा शब्द मुँह से निकालते रहते हैं? कौन जाने कब जिह्वा पर सरस्वती विराजमान हो जाएँ! मेरा क्या, चल दूँगी, यमराज सवारी लाएँगे ही। आपका क्या होगा?' हालाँकि पत्नी यह बहुत गम्भीरता से कह रही होतीं पर उन्हें मजाक सूझता और पत्नी की कमअक्ली पर तरस आता। इसी तरस में अपना आनन्द

घुला-मिलाकर कहते, 'हाँ, बड़ा न तुम्हें मेरी चिन्ता घेरे रहती है! अरे, ये कहो कि इस उम्र में सौत का डर सताता रहता है!'

पत्नी इस पर कुढ़ जातीं। कुढ़कर कहतीं, 'जाओ, इस उम्र में बड़ी हूर की परियाँ आप ही का इन्तजार करते बैठी हैं न!' पर इसे ऊपर से नहीं कहतीं, मुँह की मुँह में कहकर रह जातीं। जानती थीं कि मुँह पर कहने से उनका अभिमान बहुत आहत हो उठेगा, फिर तो वे उन्हें न जाने किस जहन्नुम की सैर की बाबत कोसते हुए, न जाने कितने दिन बिताएँगे! इसलिए मुँह में कहतीं।

वे समझते कि पत्नी हार चुकी हैं और एक अदद सौत के भय से मरी जा रही हैं। यही उन्हें परम्परा ने बताया था। यही कि औरतें इसी भय में जीती हैं। और यह कि पति को ऐसा भय बनाए रहना चाहिए। लगाम कितनी आसानी से हाथ में बनी रहती है! कम चालाक नहीं थे हमारी परम्परा के ऋषि-मुनि! वे मन-ही-मन मुस्कुरा उठते। बेचारी औरतें! बेचारी उनकी पत्नी! 'राम नाम सत्य' कहने से डरती है। वे गद्गद हो उठते।

आज भी वे उसी भाव में बने थे और पत्नी की तबीयत खराब होने की बात पर 'राम नाम सत्य हो जाएगा' जैसी बात सहज ही कह बैठे थे। इस बार पत्नी सचमुच कोई जवाब नहीं दे सकी थीं। मुँह-ही-मुँह में भी नहीं। बल्कि किसी आज्ञाकारी बालक की तरह उनका जरा-सा सहारा पाकर उठीं और कुछ कदम चलकर एकदम से अपने बिस्तर पर गिर गईं।

उनके बिस्तर पर गिरते ही पति महोदय बाहर आए और मुक्ति की एक अनुपम साँस लेकर अपने नित्य के काम-धाम में लग गए। बाहर आकर उन्होंने सुबह-सुबह फल, दूध, ब्रेड थामे बाजार से लौटते सूर्यप्रसादजी को प्रसन्नता से हाथ लहराकर 'नमस्कार' ठोंका और हाल-चाल पूछा। साथ ही यह भी बताया कि आज तो उनका खाना-पानी बन्द समझिए, पत्नी ने आज कोपभवन ले लिया है। कोपभवन मतलब नाराज होकर अपने को कोठरी में बन्द करना नहीं है बल्कि अपना नित्य का कर्तव्य छोड़कर खाना बनाने से अवकाश ले लेना है, वह भी अचानक।

इस पर सूर्यप्रसादजी को कुछ पुरानी कहावतें याद आईं। वे हाथ का सामान उनके बाहरी बरामदे के कोने से टिकाकर बोले, ''देखिए, सोचा था, रुकेंगे नहीं, मगर आपने ऐसी बात छेड़ दी है तो एक बात हम भी बताते हैं। हमारे गाँव में तो कहावत ही थी कि जब औरतों का मन बाहर घूमने का करता

है तो बीमारी का बहाना बना लेती हैं। होता क्या था कि बहाना तो बनाती थीं कि पति के साथ डॉक्टर के पास जाने को मिलेगा और दवा-इलाज के चक्कर में घूमना-फिरना भी हो जाएगा। पति से मनुहार करेंगी तो क्यों न मलाई-रबड़ी खरीद देगा। लेकिन हमारे बुजुर्ग भी कम होशियार न थे, इसका तोड़ निकाल लिया था कि भई, जाओ, जब मन घर में नहीं लग रहा है, जिदियाई हो, बीमारी का मार बहाना कर-करके जी आजिज किए हो तो जाओ, मगर पति के साथ जाने को न मिलेगा, छोटे देवर साथ जाएँगे। अब कहो, लल्लाजी के हाथ में उतने पैसे न होंगे, न उतनी समझ। नाबालिग बेचारा क्या जाने भौजी का मर्ज!''

इस पर बड़ा ठहाका लगा। वे भी जोश में आ गए, ''अरे, नाबालिग को बालिग ऐसे ही तो भौजियाँ बना देती थीं!''

इस बात में सौ गुना रस था। सूर्यप्रसादजी के आनन्द की सीमा न रही।

''आप भी! कम जानकार नहीं हैं!'' कहकर वे लहालोट।

''कभी किसी दिन बैठकी जमेगी तो आपको अपनी एक भौजाई की कहानी सुनाएँगे। अब चलेंगे, दूध लेकर पहुँचना है, घर में दामाद आए हैं और देखिए कि इतना वक्त हमें यहीं लग गया।'' सूर्यप्रसादजी को आनन्द के ऐसे सुखद अहसास से निकलकर जाने का मन नहीं था पर कर्तव्य ने और न रुकने दिया।

वे चले गए तो पति महोदय अन्दर चले आए। एक हल्की नजर उन्होंने उस कमरे में डाली जरूर, जहाँ पत्नी बेसुध सोती दिख रही थीं। फिर उन्होंने कॉर्नफ्लेक्स निकाला और कुछ भुनभुनाकर खाना शुरू कर दिया। खाते-खाते पानी की याद आई तो फिर भुनभुनाए, ''ये कोई वक्त है, आराम करने का. देखो, कब तक गैस उतरती है?'' इस तरह एक-दो बार और जब पत्नी की जरूरत पड़ी तो उन्होंने अपनी भुनभुनाहट को दबाया और आखिरकार बैठक में आकर फिर से अखबार खोलकर पढ़ने लगे।

इस सबके बीच एक-दो फोन भी आए। कुछ देर फोन पर बतियाने में भी बीता। फिर बोर होने लगे तो यूँ ही बेटे को फोन मिला दिया। बेटा व्यस्त था फिर भी उसने कुछ मिनट बात करने में खर्च किए और उनकी सेहत के साथ माँ की सेहत भी पूछा। उन्होंने कहा भी कि आज कुछ मामला ढीला है, पर चिन्ता की कोई बात नहीं, गैस की तकलीफ अब उन्हें ज्यादा ही रहने लगी

है। कुछ दवा देने की बात पर उन्होंने कहा कि 'अरे, दवा का न पूछो, तुम्हारी माँ के पास कुछ ज्यादा ही दवाएँ रहती हैं। न जाने क्या-क्या तो उन्होंने घरेलू नुख्से बना रखे हैं! अजवाइन, काला नमक, हींग और जाने क्या-क्या!' इस पर बेटे को अपना ऑफिस याद आ गया और उसने यह कहकर फोन रख दिया कि 'अरे पापा, इस वक्त इतनी लम्बी बात नहीं कर सकता। आप खाली हैं न, इसीलिए कभी भी फोन घुमा देते हैं। कोई खास बात न हो तो इस वक्त मत किया कीजिए। मैं शाम को फोन करता हूँ।''

बात ठीक ही थी, बेटे को इस वक्त ज्यादा डिस्टर्ब नहीं किया जा सकता था। पर आज न जाने क्यों उनका मन नहीं लग रहा है। एक मन हुआ कि सीधे यहाँ से निकलें और अपने पुराने मित्र दयानन्द के यहाँ चले जाएँ। वैसे अक्सर दयानन्द के यहाँ शाम की बैठकी जमती थी, पर आज तो शाम तक रुकने के बारे में सोचने का मन तक नहीं था। इस सोच से उन्हें कुछ अच्छा-सा भी लगा था। भीतर आकर उन्होंने अपना पैंट-शर्ट निकाला, फिर अचानक ही कुछ खयाल आया और पत्नी को आवाज देने लगे।

'कुम्भकर्ण की इनकी नींद आज टूटनेवाली नहीं है।' वे मन-ही-मन बुदबुदाए। एक अदद रूमाल ढूँढ़ने की कोशिश भी की पर सफल नहीं हुए। असल में जब से बेटा-बहू विदेश चले गए हैं, एक कमरा खाली ही रहता है। कोई मेहमान आए तब चाहे इस कमरे का सदुपयोग हो जाता है। कुल तीन बेडरूम का घर है यह। जो उनका बेडरूम था, वह तो है ही, जिसमें अभी पत्नी सो रही हैं, लेकिन एक कमरा भी उन्होंने अपने अख्तियार में रख लिया है। खाली पड़े रहने से तो अच्छा है कि कुछ सदुपयोग होता रहे। उन्हें भी सुविधा हो गई है। कुछ पढ़ने-लिखने का अपना सामान उन्होंने इधर ही रख लिया है। पत्नी इस कमरे में प्राय: उनके पीछे से आती हैं। आती हैं तो आसन जमाने नहीं, बल्कि साफ-सफाई का काम निपटाने। अब इस काम के लिए तो रोका नहीं जा सकता। जरूरी है, वरना वैसे उनका कोई दखल इधर नहीं है। उनके दोस्त मित्र सुनकर ही जलकर खाक हो जाते हैं। अब भाई, यह तो अपना-अपना तरीका है, कौन कैसे अपनी व्यवस्था करता है, या कह लो कि कौन कैसे पत्नी को रखने-बरतने का ढंग जानता है! वे अपने ढंग पर कुछ-कुछ गर्वित हुए। हल्का-सा मुस्कुराए। फिर उन्होंने पत्नी को आवाज दी और फिर आवाज का उत्तर न पाकर वे पत्नी के सोने की जगह पर चले आए।

"चलो, उठो अब। जरा बाहर निकल रहा हूँ।" उन्होंने पास आकर कहा और हाथ बढ़ाकर पत्नी को हल्का-सा हिलाया। मगर पत्नी की सचमुच कुम्भकर्णी नींद निकली, कहीं कोई असर न हुआ। अब ऐसी भी क्या नींद? सुबह-सुबह ऐसा क्या सोना? वे कुछ झल्ला से उठे। थोड़ा गुस्साकर उन्होंने फिर से कहा, "चलो, अब उठो भी। कोई टाइम है इतना सोने का?" इस बार उन्होंने पत्नी को कन्धे पर हल्का-सा नहीं हिलाया बल्कि झकझोरने की कोशिश की। मगर यह क्या? वे जिस दिशा में झकझोर रहे थे, पत्नी उधर ही लुढ़क गईं। फिर उन्होंने उनका शरीर छुआ, माथा छुआ, सब एकदम ठंडा। नाक पर हाथ ले गए तो कोई वायु-प्रवाह नहीं, क्या सचमुच? वे विश्वास नहीं कर सके। तुरन्त निकलकर घर से बाहर आए। बगल के पड़ोसी को खबर की। आनन-फानन में अस्पताल ले जाने की तैयारी हुई। वे बड़े हतप्रभ से सारे रास्ते कहते रहे, "ऐसा कैसे हो सकता है?"

"धैर्य रखिए, जब तक डॉक्टर न कह दे।" पड़ोसी सान्त्वना में कहते जाते। इसी सबमें धीरे से कोई यह कहना न चूकता कि डॉक्टर क्या कहेंगे! मुश्किल है। अब इसी में धैर्य रखना चाहिए। मनुष्य का जीवन है, आना-जाना तो लगा ही रहेगा। इस पर कोई उसे चुप करा देता। वह चुप हो जाता। लेकिन लोगों का मन नहीं चुप होता। लोग मन-ही-मन में यही सब सोच रहे होते।

आखिरकार डॉक्टर ने कह ही दिया। मृत्यु हार्ट अटैक से हुई है। लगभग तीन घंटे पहले। अगर समय पर ले आते तो शायद जान बच जाती। आप लोग इतनी लापरवाही कैसे करते हैं? इस उम्र में हार्ट अटैक बहुत स्वाभाविक है, आदि-आदि डॉक्टर कहता रहा। उनके परिचित बहुत थे। रिश्तेदारों से भी उन्होंने बहुत बनाया था बल्कि पत्नी कभी भी रिश्तेदारों के ऊपर जगह नहीं पा सकी थीं। यही रिश्तेदार कल तक उनके और पत्नी के बीच दूरियाँ बढ़ाने का हरसम्भव प्रयत्न किया करते थे, आज बड़े दुखी और बेहाल थे। लगता था, सबसे बड़ा नुकसान उन्हीं का हुआ है। पर ऐसा था नहीं, वे लोग तो सिर्फ उन्हें इम्प्रेस करना चाहते थे। यह 'इम्प्रेस' शब्द ऐसी घड़ी में भी पीछा नहीं छोड़ रहा था।

सब तैयारियाँ हो गईं। बेटा कैसे-कैसे पहुँचा। उसकी आँखों में थोड़ा-थोड़ा गुस्सा था, फिर भी उसने धैर्य रखा। बेटे का परिवार इतनी जल्दबाजी में नहीं आ सकता था। परिवार के नहीं आ सकने से उसका लम्बा रुकना भी

सम्भव नहीं था। प्राइवेट नौकरी में इतनी लम्बी छुट्टी अचानक ले लेना भी ठीक नहीं था। उसने पिता से कहा कि उसके साथ विदेश चलें, यहाँ अकेले कैसे रहेंगे? और फिर इतनी दूर से उनकी देखभाल कैसे हो सकेगी?

लेकिन वे इतनी जल्दी बेटे के साथ चल देने के बारे में सोच तक नहीं पा रहे थे। उन्होंने कहा, "अभी तो सारे कर्मकांड ही पूरे नहीं हुए हैं। मैं नहीं जा सकता। यहाँ कौन-सा मैं तुम्हारी माँ के बलबूते रह रहा था?"

मगर बेटा यह सब सुनने को तैयार न था। वे जाने को तैयार न थे। इस तरह आखिरकार बेटा चला गया और वे छूट गए।

सारे कर्मकांड पूरे करने के बाद वे अकेले रह गए। अकेले पौधों में पानी देते, अकेले बाजार जाते, अकेले खाना बनाते। सोचा था, औरतें ऐसा भी क्या करती हैं? खाना बनाने के लिए एक कामवाली रख लेंगे और गुजरकर लेंगे। लेकिन दिन-ब-दिन यह कठिन होता चला गया। कामवाली कभी आती, कभी नहीं आती, कभी कोई काम करती, कभी छोड़ जाती, कभी लगातार दो-तीन दिन नहीं आती। इस तरह उनकी परेशानी बढ़ती चली गई। फिर बेटा आया, इस बार वह निर्णय करके आया था। लेकिन फिर भी वे नहीं गए, तब बेटे ने उन्हें 'वृद्धाश्रम' में डाल दिया।

अब भी आपको कभी वे दिख सकते हैं अपने घर के आसपास—पौधों में पानी डालते हुए, दिन में धूप सेंकते, खाना बनाते, किसी को बुलाकर सफाई करवाते और आने-जानेवाले से रोककर बात करने की कोशिश करते। वृद्धाश्रम से भागकर आ जाते हैं, मगर घर में घुसते ही अहसास होता है कि घर गन्दा हो चुका है, जाले लग चुके हैं, दीवारें झर रही हैं, कबूतरों, छिपकलियों ने घर बना लिये हैं, कॉक्रोचों ने खूब अंडे दिये हैं। मकड़ियाँ शान से रह रही हैं। फिर घर को रहने लायक बनाने की मशक्कत करते दिन भर में थक जाते हैं। कभी-कभी कोई सफाई नहीं करते। चुपचाप घर के सामने कुर्सी डाले बैठे रहते हैं। भीतर जाने का मन तक नहीं होता। फिर हारकर वृद्धाश्रम चले जाते हैं।

नीड़

यह इत्तिफाक ही था कि उस शहर में वे हमें इस तरह दिख गईं। सिटी बस में बैठी हुईं, एकदम खिड़की के पास। उनकी पीले रंग की साड़ी कुछ खिड़की की हवा के साथ थिरक उठी तो बस उसे ही ठीक करने के लिए वे खिड़की पर लटक-सी आई थीं। ठीक उसी एक क्षण में उन्होंने हमें सड़क पर चलते हुए देख लिया था और कई पल इस इत्तिफाक से भौचक्की रह गई थीं। बस के स्टार्ट होने की तेज गड़गड़ाहट के कारण हमने भी ऐसे ही बस की तरफ देख लिया था। किसी अपने को देख लिये जाने की उम्मीद के बिना ही। आवाज की प्रतिक्रिया जैसा यह देखना था। पहले मैंने देखा फिर हिमेश ने देखा। मैंने जो देखा तो बस का रूट पढ़ने की कोशिश भी उसमें शामिल कर ली लेकिन हिमेश ने पहली ही नजर में पीली साड़ी को देख लिया और उस दिशा में कुछ कदम आगे बढ़ गए। बिना मुझसे कुछ कहे। हिमेश के पहचानने की शक्ति बड़ी तीव्र है। कभी एक बार हल्का-सा देखे व्यक्ति को भी वर्षों बाद देखने पर पहचान लेते हैं। फिर वे तो उनकी बचपन की साथ पढ़ी, साथ खेली-कूदी सखी थीं। मैंने उन्हें पहले नहीं देखा था। मेरी शादी के समय भी वे लोग नहीं आ पाए थे। कहते हैं कि बहुत पहले वे लोग कहीं और चले गए थे। बहुत पहले से मतलब, मेरे अन्दाज में कोई आठ-दस साल पहले से है। उनके पिता का ट्रांसफर हुआ था फिर बाद में उनकी शादी हो गई थी। लड़कियों की शादी जल्दी करने का एक पुराना रिवाज बना ही हुआ है। इसीलिए तो वे शादी करके एक बच्चे की माँ भी बन चुकी थीं और यहाँ हिमेश की शादी अब हुई थी।

मैं उन्हें अगर पहले देख भी लेती तो क्या होता! पहचान न पाती। अगर पहले एक बार देखा भी होता तो भी पहचान पाना मेरे लिए आसान न होता। मुझमें ऐसी कुशाग्र बुद्धि का सर्वथा अभाव रहा है। इसलिए मेरा उन्हें देखना 'देखने जैसा' ही था। 'देखने जैसा' से मतलब है कि जैसे हम चलते हुए तमाम दुनियावी चीजों को देखते हैं—सड़क को, पेड़ को, डाकखाने के साइनबोर्ड को, ढाबे पर उबलती चाय को, तमाम गाड़ियों, तमाम लोगों को...यहाँ तक कि तमाम होर्डिंग्स भी पढ़ते चले जाते हैं। लेकिन यह सब देखना होता है। इसके पीछे निर्वेद जैसा लगनेवाला कोई भाव होता है या शायद वह भी नहीं होता—न जाना, न पहचाना, न अजनबीपन से भरा। न जाने कैसे बस देखते चले जाते हैं—हजारो-हजार घंटे इसकी भेंट चढ़ जाते हैं, दिमाग को इसका इतना अभ्यास हो चुका होता है कि न वह बेचैन होता है, न कुछ बोलता है, बस, देखता है तब तक, जब तक कि इस देखने में कुछ अलग, कुछ असम्भावित न आ टपके।

तो वे असम्भावित आ टपकी थीं। बस रुकी हुई थी और अब स्टार्ट की घड़घडाहट से भर उठी थी। हिमेश दौड़कर बस तक पहुँचे।

''ओ बॉबी, बॉबी! अरे, यहाँ हो!'' उनकी चहकती आवाज पता नहीं बॉबी तक पहुँची या नहीं, पर बॉबी ने उनके चेहरे पर पहचान के आत्मीय चिह्न पढ़ लिये। तब जल्दी से हाथ के इशारे से फोन करना जैसा कहा और अपनी हथेली पर फोन नम्बर लिखकर हथेली खिड़की से बाहर लटका दिया। सड़क का एक अलग ही शोर था जो बस के स्टार्ट वाले शोर के साथ मिलकर अपना वर्चस्व बढ़ाए जा रहा था। कोई यात्री सामान चढ़ा ले जाने में समय खींचे जा रहा था, इसलिए बस चलती-चलती-सी रुकी थी। इस मौके का फायदा उठाकर हिमेश ने हथेली पर लिखे नम्बर याद कर लिये। फिर मेरी तरफ संकेत कर बता दिया कि यही है मेरी पत्नी। बॉबी ने प्यार से कुछ कहा।

''तुमसे बात करूँगी। घर आओ। हो न अभी यहाँ...'' ऐसा कुछ वे बोले जा रही थीं। खिड़की से मुँह निकालकर, हाथ हिला-हिलाकर चेहरे पर प्रसन्नता की लहक से भर-भरकर कितना कुछ कहती, न कहती चली जा रही थीं। आखिरकार बस हमारी नजरों से ओझल हो गई।

बॉबी के पिता के ट्रांसफर होकर चले जाने के बाद से हिमेश भी उनसे नहीं मिले थे। इतने वर्षों बाद बॉबी को अचानक यहाँ देखकर उनकी खुशी का ठिकाना न रहा। अपने बचपन के दिन याद करने लगे। मुझे तमाम सारी कहानियाँ सुनाईं, जिन्हें मैं इससे पहले इतने विस्तार से नहीं जानती थी। कहानियाँ वैसी ही थीं जैसी कि बचपन की हुआ करती हैं, पर हिमेश बराबर बल देते रहे कि इन्हें मैं खास मानूँ। आत्मीय मित्रताएँ ऐसे ही गमकती हैं, यह सोचकर मैंने मान लिया। तब हिमेश को लगा कि कहीं मैं इसे प्यार मोहब्बत के किस्से की तरह न देख लूँ, इसलिए तत्काल कहा कि कुछ ऐसा-वैसा न समझ लेना। बस, दोस्ती थी उससे भी और उसके भाई से भी।

''ठीक है बाबा, मैं कहाँ कुछ और समझ रही हूँ।'' मैंने मुस्कुराकर कहा था।

इस पर वह मुस्कुरा दिये। फिर जैसे खुद को तसल्ली देते हुए बोले, ''अब जो मर्जी समझो।'' मानो उन्हें मेरी बात पर भरोसा नहीं हुआ था।

''जो भी हो।'' मैंने और गहरा मुस्कुराकर जताया कि मुझे क्या? तुम कुछ भी करो, लेकिन भई, मुझे है तो सारा सरोकार तुम्हीं से और तुम्हारी इसी बात से। इस पर हिमेश ने मेरी बाँह पकड़कर बड़ा प्यारा हल्का धक्का दिया। मैंने गिरने को होने का नाटक ज्यादा किया तो उन्हें एकदम अफसोस होने लगा। तब मैंने बता ही दिया कि नहीं बाबा, ऐसा गिरने को नहीं हुई थी। तब उन्होंने नाराजगी दिखाते हुए दुबारा हल्का धक्का दिया। इस पर मुझे हँसी आ गई।

बॉबी की शादी के बारे में थोड़ा-सा मैं भी जानती थी, बस, उतना, जितना कि परिवार से छनकर आ गया था। सबका खयाल था कि अच्छी शादी हुई है। बॉबी को सभी ने सुन्दर कहा था। आज देखने में ठीक ही लगी थीं। बॉबी को सभी ने उज्ज्वलवर्णा कहा था—गोरी, धवल। आज वैसी गोरी नहीं लगी थीं। कुछ-कुछ साँवला-सा या धूप से जला-जला-सा रंग लगा था। प्रसन्नता से चीखती हुई वे वैसी शालीन भी नहीं लगी थीं जैसा कि उन्हें देखने वालों ने बताया था। बल्कि बस की खिड़की से झाँकते हुए उन्होंने जैसी जल्दबाजी में अपनी हथेली पर नम्बर लिखकर खिड़की से नीचे लटकाया था, उससे पता चलता था कि वे इस क्षण अपने को भूल चुकी हैं। यहाँ तक

कि जो पल्ला कुछ देर पहले तक खिड़की की तरफ उड़ा था और जिसे उन्होंने समेटने की कोशिश में मुँह निकाला था, वही अब उनके ध्यान में नहीं था। शायद घर पहुँचने की बहुत मजबूरी न होती तो वे बस से उतर पड़तीं या शायद खिड़की तोड़कर निकल आतीं और पहले हिमेश के गले लग जातीं या शायद पहले मेरे गले लिपट जातीं, ठीक-ठीक नहीं कह सकती क्योंकि वे जिस तरह मुझे छू लेने को विकल हो उठी थीं और मैं कोशिश-भर उनके हाथ के सहलाते स्पर्श में अपने को समेटने में लगी थी, उससे तो यही लगता था।

आत्मीयता के इस एक छोटे आह्लादपूर्ण क्षण में सब कुछ खनक उठा था। हिमेश एकदम से उनसे ढेर सारी बातें कर लेने को बेचैन हो उठे थे। मैं भी अब तटस्थ नहीं रह गई थी।

''देखो बरखा! मुझे ठीक एक घंटे बाद याद दिला देना कि इस नम्बर पर बात करना है।'' फिर एक मिनट बाद ही दुबारा कहते हैं कि ''देखो बरखा, मुझे कहीं ये नम्बर भूल न जाए, ऐसा करो, अपने पर्स से डायरी-पेन निकालो, वही, जिसमें तुम फोन नम्बर्स नोट करती हो, उसी में लिख लो।''

''अरे बरखा! तुम्हें तो सबसे पहले ये नम्बर लिखना चाहिए था। कहीं भूल न जाए। अच्छा चलो अभी नोट कर लो।''

''देखो बरखा, आज ही चार बजे तक चले चलते हैं, ठीक रहेगा न! ये तुम्हारा यहाँ का बाजार देखना टाला भी तो जा सकता है।'' मेरे कुछ कहने के पहले ही हिमेश ने घड़ी देखी।

''ये लो, ढाई तो बज ही रहा है। चलो, वापस होटल में चलते हैं या तुम बताओ, यहीं से कुछ खा के चलें? लंच का टाइम है।''

''अरे बरखा! तुम्हें क्या पता होगा, मैंने सुना है कि बॉबी की शादी खूब बड़े घर हुई है। इसके ससुर ने बाराबंकी में क्या शानदार कोठी बनवाई है। पिताजी कभी गए थे तो देख आए थे। पता नहीं ये बॉबी का पति यहाँ कब आ गया? था तो ये कहीं विदेश में, ऐसा सुना था। खैर, हैं तो सब पैसे वाले। महलों में बैठी हैं महारानी। हमारी तरह चप्पलघिसाई की जिन्दगी थोड़े न है!...'' हिमेश ने फिर घड़ी देखी।

''इस वक्त कहाँ जा रही थी, वह भी सिटी बस से?'' थोड़ी देर बाद कुछ रुककर सोचते हुए हिमेश ने कहा।

"खा लें कुछ?" मैंने उनकी उतावली पर मजाक करते हुए कहा। वे कुछ झेंपे।

"हाँ, हाँ, चलो, चलो।"

फिर हम एक ठीक-ठाक से दिखने वाले रेस्टोरेंट में खाना खाने आ गए। कुछ खास मन के बिना ही हिमेश ने खाना ऑर्डर कर दिया। उनका मूड देखकर मेरा भी मन कुछ ऐसा खाने का नहीं रह गया।

"हो सकता है किसी स्कूल में पढ़ा रही हों। कुछ टीचर जैसा लुक लग रहा था।" मैंने बस ऐसे ही सूझ आई एक बात कह दी। लेकिन हिमेश ने मेरी बात पकड़ ली।

"हाँ, स्कूल से लौटने का समय भी है यह। ठीक कह रही हो। एकदम हो सकता है पर यार, ये गर्मी-धूप में सिटी बस से क्यों जाना, ये बात कुछ जम नहीं रही।"

"अब चलो खाओ भी। वहीं चलकर सब पूछ लेंगे।" फिर हमने खाना खाया।

मैंने कभी सोचा नहीं था कि ऐसी परिस्थितियों में पत्नियों को क्या करना होता है? कुछ समझ में न आए। मैं बॉबी के बारे में बहुत जानती भी नहीं थी। घर में जब पुरानी कॉलोनी के बच्चों की चर्चा होती तो उन लोगों की भी होती थी। बॉबी के पिता और भाई कभी-कभार कहीं किसी जगह मेरे ससुराल के सदस्यों से भेंटा जाते थे तो कुछ समाचार ताजा हो जाता था। पर यह इतना अनिश्चित और दूर का सा था कि इसे एक मुकम्मल सूचना की तरह नहीं पढ़ा जा सकता था। इसलिए बॉबी को जान लेने का कोई दावा पेश करना मेरे लिए सम्भव नहीं था। मेरी और हिमेश की शादी को अभी एक साल ही हुए थे और हम सबकी सलाह पर अपनी पहली सालगिरह इस तीर्थ नगरी में मनाने आए थे। इस तीर्थ नगरी में ही सालगिरह मनाने आने के पीछे भी कई कारण थे जो मुझसे न कहते हुए भी कह दिये गए थे। एक कारण तो औलाद की कामना से जुड़ा था। घर से निकलते-निकलते भी मेरी सासू जी मेरे कान में तमाम मनौतियों को मानने की तमाम इच्छाएँ जता चुकी थीं। दूसरा कारण सासूजी की किसी पुरानी मनौती के हिसाब से देवता को प्रसाद चढ़ाना भी था। तीसरे यह शहर नजदीक था और कम खर्च में हमारी कहीं घूमने जाने की इच्छा को पूरा कर देता था, कहीं और जाने की बजाय दो दिन

में घूमकर और प्रसाद चढ़ाकर भी लौटा जा सकता था। ससुराल में दो दिन किसी तरह मेरी अनुपस्थिति से उत्पन्न परेशानियों को स्थगित रखे रहा जा सकता था। खैर, सब मिलाकर असल कारण औलाद की कामना थी और जिसे हमने आते ही सबसे पहले देवता के द्वार पर शीश नवाकर पूरा कर लिया था। असल घूमना तो आज ही था। सुबह निकलते-निकलते ही देर हो गई थी और अब यहाँ के प्रसिद्ध बाजार जा पाने के आसार भी धुँधलाने लगे थे।

पर जो भी हो, यह तो तय था कि घरवालों की बातचीत के आधार पर मैं बॉबी को होनहार मान सकती थी, समझदार भी, शालीन, सभ्य वगैरह भी...मुझे दिक्कत ही क्या थी! पड़ोस में ऐसे परिवार अक्सर मिल जाया करते हैं जो बहुत घुल-मिलकर अपनों जैसे हो जाते हैं। वे जब चले जाते हैं तो बहुत दिन तक उनकी कमी सालती भी है फिर धीरे-धीरे सब सामान्य हो जाता है। पर अगर चले गए परिवार के बारे में यदा-कदा खोज-खबर मिलती रहे तो अपनेपन के एक सिरे को पकड़े रहने जैसा इत्मीनान भी बना रहता है।

आखिरकार हिमेश ने बॉबी के कहे अनुसार ठीक एक घंटे बाद फोन किया था। फोन बॉबी के पति ने उठाया, ''कौन है?''

''बॉबी से बात हो सकती है?''

''आप कौन? बॉबी को कैसे जानते हैं?'' पति ने बिना किसी लाग-लपेट के साफ और बुलन्द आवाज में पूछा।

''मैं बॉबी के बचपन का दोस्त...मतलब बचपन में हम लोग एक ही कॉलोनी में रहते थे, पड़ोसी मतलब तभी से जानते हैं, मतलब पूरा परिवार ही...'' हिमेश ने कोशिश भर कहने जैसा कहा।

''ऐ बॉबी!'' पति ने आगे कुछ नहीं कहा और फोन बॉबी को दे दिया।

''कब तक हो तुम लोग?'' बॉबी ने बहुत सन्तुलित आवाज में कहा। हिमेश को यह अच्छा नहीं लगा। फिर भी वह अपनी चहक नहीं रोक सका।

''अरे बॉबी, कहो तो हम लोग अभी आ जाएँ। घर पर ही हो न?''

''एक मिनट रुको।'' कहकर बॉबी ने अपने पति से कुछ पूछा। आवाज बहुत स्पष्ट नहीं थी पर लगा कि वह इसी बारे में उनसे पूछ रही हैं।

''हाँ, आ जाओ। साढ़े चार तक आओ।'' बॉबी ने बहुत निरपेक्ष तरीके से कहा फिर अपना पता बताया और फोन रख दिया। उस समय खुशी के साथ

हिमेश कह रहे थे कि तुम्हारे पति से भी मिलना हो जाएगा। पर बॉबी ने यह सब नहीं सुना।

हिमेश ने बॉबी के स्वर की निरपेक्षता भाँप ली थी। थोड़ा मायूस होकर उन्होंने मुझसे कहा भी कि ठीक से नहीं बोल रही थी। लेकिन अब कह चुके थे तो जाना ही था। फिर हिमेश जाने की इच्छा से अपने को रोक भी नहीं पा रहे थे।

इसी के बाद शाम के पाँच का वह घंटा बजा था, जब हम बॉबी के दरवाजे पर पहुँचे थे। दरवाजा दस्तक के कुछ देर बाद खुला। खुद बॉबी ने खोला था और भरसक चेहरे को प्रसन्न बनाते हुए हमें ड्राइंगरूम में बैठाया। इत्ने औपचारिक मिलन की उम्मीद हमें नहीं थी। दोपहर बस में खिड़की से दिखती, खुशी से छलछलाती 'बॉबी' से यह 'बॉबी' अलग थी। हिमेश को सन्तुलन बनाने में कुछ वक्त लगा। हम चुपचाप ड्राइंगरूम में बैठ गए। तब हमारा ध्यान गया कि वहाँ पहले से ही एक आदमी बैठा है। अजीब उनींदा-सा, कुर्सी पर पाँव फैलाए। उसके आसपास अखबार और एक-दो पत्रिकाएँ बिखरी हैं। एक खाली तश्तरी और चाय का एक कप भी पास ही पड़ा है। एक चम्मच उसकी कुर्सी के पास नीचे रखा है या कि गिर गया है और उठाने में आलस्य या बेध्यानी के कारण या जिस भी और कारण से पड़ा है। एक तौलिया, जिसका रंग कभी सफेद रहा होगा, उसी कुर्सी के सिरहाने लटका है, जिस पर वह आदमी उनींदा-सा बैठा है। ऐसा लगता है कि बैठा नहीं है बल्कि तमाम बेतरतीब सामानों के साथ वह भी पड़ा हुआ है या बेध्यानी में कुर्सी पर छूट गया है।

"ये मेरे पति हैं।" बॉबी ने निर्विकार भाव से कहा।

तब हम दोनों ने उन्हें 'नमस्ते किया।

हम दोनों बॉबी के इस तटस्थ परिचय देने के ढंग से हिल गए। हिमेश ने मेरी ओर देखा, जिसका अर्थ था कि क्या यार, यह सब तो सोचा ही नहीं था! हम दोनों को ही उस आदमी को बॉबी के पति के रूप में देखना बड़ा कठिन लग रहा था। अजीब मिचमिची आँखें लिये वह हमें देखे जा रहा था। हम थे कि उस तरफ नहीं देखना चाहते थे, पर देख ले रहे थे। देखना न चाहते हुए भी देखना एक अजीब उलझन में डालनेवाला था।

"और कैसा चल रहा है?" हिमेश ने ही अपने को पहले स्थिर किया।

"हूँ, ठीक।" ऐसा बॉबी ने बिना बोले सिर हिलाकर कहा।

तब पति महाशय अपनी जगह से उठकर हमारी तरफ आकर बैठ गए।

''मेरा परिचय तो ये करा नहीं पाती हैं। कौन कहेगा कि पढ़ी-लिखी हैं! पढ़ा-लिखाकर मैंने नौकरी लगवाई लेकिन अकल तो नहीं पैदा कर सकता हूँ। क्यों?'' पति महोदय ने अजीब ढंग से हँसते हुए कहा।

''चलिए, मैं ही अपना परिचय देता हूँ। मैं डॉक्टर हूँ। ऊपर ही अपना दवाखाना मतलब क्लीनिक बना रखी है। घर का घर देखना हो जाता है, काम का काम। यह कम बड़ी सुविधा है क्या? आप ही बतावें? आयुर्वेद का हूँ। आयुर्वेद समझते हैं न?''

''जी, थोड़ा-बहुत जानते हैं।'' हिमेश ने बड़ी शालीनता से कहा।

''लेकिन यह नहीं जानते होंगे कि आयुर्वेद बड़ी चीज है। यूनानी वगैरह से भी आगे है। यूनानी जानते हैं? नहीं जानते होंगे। आजकल लोग अंग्रेजीदाँ बने घूमते हैं, अपने देश की बड़ी चीजें, विश्वप्रसिद्ध चीजें नहीं जानते। एक से एक डॉक्टर, रिसर्चर हुए हैं हमारे यहाँ। धन्वन्तरि क्या हैं? आप बताइए? चरक के बारे में जानते हैं? नहीं न? च्यवन कौन थे? बताइए?'' पति महाशय ने हिमेश की तरफ चुनौती उछाली।

हम किसी डिबेट के लिए तैयार होकर नहीं आए थे। एकदम ही दूसरे मूड से आए थे। फिर भी पति महाशय के मूड को देखते हुए हमें इस डिबेट में भाग लेने के लिए कुछ-कुछ मजबूर-सा होना पड़ा।

''हम ज्यादा नहीं जानते।'' बचने की गरज से हिमेश ने जोड़ा।

''कैसे जानेंगे? अपने देश की संस्कृति का नुकसान इसीलिए तो हो रहा है। आप जैसे पढ़े-लिखे लोग अपने ही देश की इतनी बड़ी उपलब्धियों के बारे में कुछ नहीं जानते। मैं तो देखिए साफ बात कहनेवाला आदमी हूँ। इनके मायके का लिहाज करके आदमी सही बात तो कहना नहीं छोड़ सकता। क्यों? मैं तो ऐसे लोगों को पढ़े-लिखे की श्रेणी में भी शामिल किए जाने के खिलाफ हूँ। क्यों? बुरा लगा आपको?'' फिर वे हल्का-सा हँसे। वही अजीब-सी हँसी।

''देखिए बुरा मानने की बात नहीं है। तथ्य को समझने की बात है।'' उन्होंने जोर देकर कहा।

मैं चुप थी। बॉबी भी चुप बैठी थीं। घर कुछ खास साफ-सुथरा नहीं दिख रहा था। एक बूढ़ी स्त्री बीच-बीच में जरा-सा झाँक जाती थी। समझ में नहीं

आता था कि वह कौन है? मैली-कुचैली इतनी थी कि उसे घर का काम करनेवाली भी माना जा सकता था, पर उसका झाँकना उसके अधिकार भाव को दिखा रहा था।

"आप कहाँ पढ़ा रही हैं?" मैंने पति महाशय के महान वचनों के बीच में टोकती-सी ध्वनि निकाली। यह ध्वनि महान भाषण में खलल की तरह गिरी। बॉबी कुछ कहतीं, इससे पहले पति ने कहना शुरू किया :

"अच्छा जानना चाहती हैं इनकी नौकरी के बारे में? मैं बताता हूँ। यह क्या बता पावेंगी? कुछ जानती हों तब न। क्या थीं शादी के बखत और अब देखिए, कैसे ट्रेनिंग देकर चमका दिया है मैंने। बी.ए. में पढ़ रही थीं। आजकल बी.ए. पास गली-गली मिल जाएँगे। मैला ढोनेवाले से पूछिए, बी.ए. पास निकलेगा। मैंने पढ़ाया, कितनी मेहनत की इनके पीछे। तब आज नगरपालिका के प्राइमरी स्कूल में पढ़ा रही हैं। पूछिए कै दिन स्कूल जाती हैं? मैंने ऐसा जबर्दस्त बन्दोबस्त कराया है कि महीने में एकाध रोज के अलावा जाने की जरूरत नहीं है। ऐसी बढ़िया नौकरी मिलेगी कहीं? पूछिए सच है कि नहीं? पूछिए! बताओ बॉबी!" उन्होंने बॉबी की तरफ मुड़कर कहा।

"जी, जी।" बॉबी ने बहुत मद्धिम आवाज में, कुछ परेशान-सी होते हुए कहा।

"अब मिमिया क्या रही हो, ठीक से बताओ! मायके के लोगों को देखकर तो बिल्ली भी शेर हो जाती है।" वे फिर हँसे।

इस कमरे में हँसने पर अधिकार सिर्फ उन्हीं का था।

"अच्छा जाओ, चाय बनाओ।" उन्होंने बॉबी को निर्देश दिया।...

"आपने हमारी कोठी देखी? इतनी आलीशान कोठी कम ही लोग बनवा पाते हैं। हमारे बाप-दादे तो जमींदारी की ठसक से रहे लेकिन अब वह सब नहीं रह गया है। यही है थोड़ा-बहुत जो हमारे हिस्से में है।" इतना कहते-कहते वे दुबारा अपनी विशाल कोठी के गर्व से चमकने लगे।

तभी एक चार-पाँच साल का बच्चा उस बूढ़ी स्त्री की पकड़ को एकदम मात देता हमारे सामने आकर खड़ा हो गया। जिस फुर्ती से वह आया था, वह हमारे सामने पड़ते ही जाती रही। अचानक से वह सकुचा उठा। शरमाते हुए मुँह में अँगुली डालने लगा।

"यही हैं हमारे सुपुत्र जी। थोड़ा नटखट हैं लेकिन शार्प ब्रेन हैं। मैं तो कहता हूँ कि लड़के को स्वतंत्र रूप से बढ़ने देना चाहिए। कोई लड़की तो है नहीं कि छुईमुई रहे।"

"लड़कियों को भी छुईमुई क्यों बनाना?" मुझसे रहा नहीं गया।

वे चिढ़ उठे, "आप नारीवाद से प्रभावित हैं क्या? हिन्दुस्तान में ये नारीवाद-फारीवाद कुछ नहीं चलेगा। जितने ये आदमी लोग नारीवादी उपदेश झाड़ते फिरते हैं, जरा देखिए अपने घरों में क्या करते हैं? अरे भाई, घर के भीतर स्त्री की शोभा है। चलो, पढ़ा-लिखा दिया। जमाने को देखते हुए नौकरी भी करा लिया। नौकरी से घर का फायदा ही है। लेकिन मर्यादा भी तो कोई चीज है। यहाँ नहीं चल सकता कि औरतों को बरगलाते जाएँ। मैं इसके सख्त खिलाफ हूँ। विदेशी मामला है भाई, हमारे ऊपर नहीं चलेगा। जाएँ यूरोप में नारी क्रान्ति कराएँ। क्यों भाई, आप तो समझते ही होंगे।" उन्होंने हिमेश को लक्ष्य किया।

हिमेश की अब शामत थी, न 'हाँ' कहते बनता था, न 'न'। एक बार मेरी तरफ देखते फिर उनकी तरफ।

"हम लोगों को भी थोड़ा जल्दी निकलना है। आज ही का दिन है हमारे पास। फिर कभी बात होगी।" हिमेश ने बीच का रास्ता तलाशते हुए कहा।

"अरे, आप तो भगोड़ा निकले। बहस में मैदान छोड़ भाग रहे हैं। हा, हा, हा!" वे हँसे। वही अपनी अजीब-सी हँसी।

"सब इनके मायकेवालों का यही हाल है। मेरे सामने टिक ही नहीं पाते हैं।" फिर वे किचन की दिशा में मुड़े।

"क्या भाई, बीरबल की खिचड़ी पकी कि नहीं?" फिर वे हँसे।

उनकी हँसी पूरे वातावरण में कॉर्बन-डाई-ऑक्साइड घोल रही थी। मुझे लग रहा था कि मेरा दम घुट रहा है। हिमेश की तरफ देखा तो उनका भी मुँह उतरा हुआ था।

कब यह वक्त बीतेगा?

तभी पीछे के दरवाजे से रह-रहकर झाँकती बूढ़ी स्त्री एकदम प्रकट हो गई। उसने सोफे पर कूदते सुपुत्र को पकड़ लिया।

"चला, भीतर चला। मेहमानन के आगे नंगई जिन करा।" उसने भोजपुरी में कहा।

लेकिन यह इतना आसान नहीं था। बच्चा अपनी पूरी ताकत से छटपट करता हुआ उसकी पकड़ से छूट गया। छूटकर वह अपने पिता की तरफ भागा। पहले वह पिता की गोदी में चढ़ा फिर उनके सोफे की एक मूठ पर लटका, फिर तेजी से उस कुर्सी की तरफ गया जिस पर पूर्व में पति महाशय बैठे हुए थे। कुर्सी के कपड़े उसने उठाकर फेंक दिए, तश्तरी और कप पलटकर दूर फेंका। इससे कप टूट गया और बहुत विचित्र ध्वनि के साथ पूरे कमरे में छोटे-छोटे टुकड़ों में बिखर गया।

"दिखा दा आपन कुल गुन-चरित्तर।" बूढ़ी स्त्री भी हार मानने को तैयार नहीं थी।

बच्चा उसकी पकड़ में आते-आते रह जाता था। बूढ़ी स्त्री को बच्चा पकड़ने की सब तरकीबें याद थीं। वह बच्चे को कभी साधु बाबा से डराती थी, कभी पुलिस से पकड़वा देने की बात करती थी, कभी झूठ-मूठ में हाथ के संकेत से बताती थी कि उसके पास खाने की कोई ऐसी नायाब चीज है जिस पर रीझकर बच्चा अवश्य ही उसके पास चला आएगा, तब देखना। यह पकड़म-पकड़ाई का खेल बड़ी तेजी से चल रहा था कि अचानक बच्चे ने कुर्सी के पाँव के पास पड़ी चम्मच को उठाकर निशाना साधकर मारा। निशाना अचूक बैठा और चम्मच टन्न से बूढ़ी स्त्री के माथे पर लगा।

"ऐ ऐ एक दुश्मन युद्ध में मरा। हम जीत गए।" बच्चे ने ख़ुशी से हिलककर कहा।

"अरे दादी के मार दिहलस। हमार कपार फूट गइल।" बूढ़ी स्त्री चिल्लाई।

इस चिल्लाने के प्रतिक्रियास्वरूप पति महाशय एकदम अपने सोफे से उठे और ताबड़तोड़ बच्चे को मारने लगे। बच्चे के रोने-चिल्लाने और दादी की गालियों और पति महाशय के गुस्से से अजीब-सा माहौल तैयार हो गया। इस सबमें बॉबी भी भागती हुई आईं और निःशब्द बच्चे को बचाने का उपक्रम करने लगीं। इस उपक्रम में उन्हें कभी-कभी कुर्सी, सोफे, टेबल और कभी पति महोदय के थप्पड़ों से चोट लगती। वे चोट पर चीखतीं नहीं बल्कि दर्द जब्त करती जातीं।

जब बच्चा कुछ पिट गया तब बूढ़ी स्त्री ने कहना शुरू किया, "अरे जाए दा। बच्चा है बच्चा है। रहे दा। जिन पीटा। जिन मारा।"

इसके बाद यह मार-पीट थम गई। बॉबी बच्चे को अन्दर ले जाने की कोशिश करने लगीं, लेकिन बच्चा जिद में ऐंठ गया। तब रोते-रोते बच्चे ने अचानक कहा, "दुश्मन पाकिस्तान, तुझे छोड़ूँगा नहीं।"

उसकी इस बात पर उसके पिता हँसने लगे। हम लोग भी हल्का-सा हँसे। लेकिन एक अजीब-सी चुप्पी भी छितरा गई। उनकी हँसी और हमारी हल्की हँसी से मिलकर एक खिसियाहट फिजा में तैर गई थी। कहीं भीतर कोई चीज थी जो अचानक उछलकर बाहर आ गई थी। मैंने सिर झुका लिया। एकदम कुर्सी के पाए पर निगाह गड़ा ली। यह क्या था, जिसने हमें गहरे तक हिला दिया था? हम ऊपर से यह एकदम नहीं चाहते थे कि बच्चे ऐसा बोलें फिर, फिर!

ऐसे बड़े हो रहे थे बच्चे! ऐसी कोई हवा थी जिस पर किसी का वश नहीं था!

फिर सबसे पहले दादी उठीं, अपनी चोट को लगातार रगड़ते हुए अन्दर चली गईं। फिर बच्चा धीरे से बॉबी की गोद से उतरा और अपने पिता पर झपटा।

"अरे, अरे, बस, बस।" कहते हुए पति महाशय उसके मुक्कों से अपने को बचाने लगे। उनके बचाने के तरीके से बच्चे को अपनी ताकत बढ़ती हुई लगी और अचानक ही वह गालियाँ बकने लगा। इस पर बच्चे को कुछ कहने की बजाय पति महोदय बॉबी पर चिल्ला उठे, "देख रहे हैं आप लोग, क्या करती हैं ये! यही करती हैं ये! गाली सिखाती हैं! बरबाद करने पर तुली हैं मेरे घर को! जितना मैं बच्चे में अच्छे चरित्र का निर्माण करना चाहता हूँ उतना ये बरबाद कर रही हैं! बोलो, बताओ, कौन सिखाता है ऐसी गन्दी बातें?"

"मम्मी।" बच्चे ने अचानक रुककर कहा और फिर सिसकने लगा।

"देख लिया आप लोगों ने!" पति महोदय ने ललकारकर कहा।

बॉबी सिर झुकाए बैठी थीं। बॉबी और गाली! नहीं-नहीं, हम मान ही नहीं सकते थे। पति महोदय ने यह अब अति कर दिया है। हिमेश ने उठकर उन्हें समझाने की कोशिश की। कहने लगे, "बच्चे हैं, हजार जगह से सीख लेते हैं। इतनी समझ कहाँ होती है।" लेकिन पति महोदय अपनी बात पर अड़े थे और बार-बार बॉबी से असलियत कह देने पर जोर डाले जा रहे थे।

"मैं क्यों सिखाऊँगी?" अचानक बॉबी ने दूसरी तरफ मुँह करके कुछ तेज आवाज में कहा और उठकर भीतर जाने लगीं। जाते-जाते धीमे गुस्से से भरे स्वर में बड़बड़ाईं, "मैंने भी बच्चे को तुम्हारे मुकाबले तैयार न किया तो..."

यह कहना था कि लगा उसी क्षण पति महोदय हार गए हैं। हार से विदीर्ण हुए चेहरे पर क्रोध की आग लहक-लहककर जलने लगी, जिसे भरसक दबाने के प्रयत्न में वे तरह-तरह के हाव-भाव करते हुए हँसने लगे। फिर हँसते हुए बच्चे को मनाने लगे। बच्चा रो रहा था। रोते-रोते रुक गया था। हम भी उसे मनाने लगे। इसी बीच बॉबी चाय ले आईं। चाय के साथ तमाम पापड़, बिस्किट, नमकीन वगैरह रखे थे। पर मन कैसा-कैसा-सा हो उठा था। बॉबी के कहने पर भी कुछ खाने को हाथ नहीं उठ रहे थे। हम दोनों ने ही सिर्फ चाय ली। इधर बच्चे को मनाते-मनाते उसके पिता ने कहना शुरू किया।

"अंकल को पता नहीं है तुमको पोयम आती है। सुनाओ तो। देखो, अंकल-आंटी तुम्हारी तरफ देख रहे हैं। सोच रहे हैं। कितना बुद्धू बच्चा है! बुद्धू बने रहोगे क्या? चलो, अपना नाम बताओ।"

"हाँ बेटे, इधर आइए। क्या नाम है आपका?" मैंने और हिमेश ने लगभग एक साथ ही पूछा। फिर रुककर दोनों ने अलग-अलग पूछा। बच्चा इससे थोड़ा परेशान हो गया। लेकिन वह डरा नहीं। हमारी तरफ मुँह करके उसने रोने के कारण भरे हुए गले से कहा, "हिमेश, हिमेश।"

मैं एकदम हैरान रह गई। हिमेश का मुँह खुला रह गया। बॉबी कुछ सकुचा उठीं।

"अरे, फिर तो हम दोस्त हुए। पता है मेरा भी नाम हिमेश है।" हिमेश ने माहौल को सामान्य करने की कोशिश की।

"एक आपका ही नाम थोड़े न हिमेश है। एक फिल्मी हीरो भी है, गायक भी है इस नाम का। दुनिया में हजारों लोगों का नाम होगा। मैंने रखा है। मैं रखना चाहता हूँ। मेरा पुत्र है जो मर्जी रखूँगा।" पति महाशय ने मानो हम सबके चेहरे पढ़ लिये हों, इतने रूखे अवमानना से भरे तरीके से उन्होंने कहा।

इस बीच बच्चे ने पहले हल्का-सा हाथ उठाया फिर पता नहीं क्या उसे याद आया कि अपने पिता की गोदी में चढ़कर फिर से रोने लगा।

हम चलने के लिए उठ खड़े हुए।

''रोना भूल गया था।'' अजीब हँसी हँसते हुए गोद में मचलते रोते बच्चे को बहलाते पति महाशय कमरे के भीतरी दरवाजे से जाते हुए ओझल हो गए।

''अब अपने दवाखाने में ले जाकर विटामिन की कोई चूसनेवाली गोली देंगे।'' बॉबी ने निर्विकार ढंग से कहा।